# 古典文獻研究輯刊

十三編

潘美月・杜潔祥 主編

第9冊

## 葉德輝《書林清話》研究

蔡芳定 著

國家圖書館出版品預行編目資料

葉德輝《書林清話》研究／蔡芳定 著 — 初版 — 新北市：花木蘭文化出版社，2011〔民100〕

序 2+ 目 2+146 面；19×26 公分

（古典文獻研究輯刊 十三編；第 9 冊）

ISBN：978-986-254-630-7（精裝）

1. 書史 2. 中國

011.08 100015556

古典文獻研究輯刊

十三編 第九冊 ISBN：978-986-254-630-7

# 葉德輝《書林清話》研究

作 者 蔡芳定

主 編 潘美月 杜潔祥

總編輯 杜潔祥

企劃出版 北京大學文化資源研究中心

出 版 花木蘭文化出版社

發行所 花木蘭文化出版社

發行人 高小娟

聯絡地址 新北市永和區中正路五九五號七樓

電話：02-2923-1455／傳眞：02-2923-1452

網 址 http://www.huamulan.tw 信箱 sut81518@gmail.com

印 刷 普羅文化出版廣告事業

初 版 2011 年 9 月

定 價 十三編 20 冊（精裝）新台幣 31,000 元

# 葉德輝《書林清話》研究

蔡芳定　著

## 作者簡介

蔡芳定，臺灣嘉義人。國立臺灣師範大學國文系文學博士、文學碩士、文學士，國立臺灣大學圖書館學研究所文學碩士，國立臺灣大學法律系法學士。曾經擔任：臺北市立建國中學國文老師，國立臺北工專共同科國文組副教授，國立臺北大學中文系教授兼人文學院院長，國立臺灣師範大學國文系教授等職。現為世新大學中文系教授兼主任。著有：《中國文學批評史上之美學批評法》、《唐代文學批評研究》、《北宋文論》、《現代文學批評論叢》、《葉德輝觀古堂藏書研究》等書。

## 提　要

《書林清話》，民國葉德輝撰，是學子通知版本目錄入門的嚮導，攻治學術的階梯。自其問世以後，因其脈絡清晰、資料宏富、自成體系，言中國圖書版本始有專門著作。

本論文採歷史研究法，就直接資料之《書林清話》原書，與葉氏其他藏書目錄題跋；間接資料之諸家藏書志、版本目錄學專著、中國書史等論述及相關研究論文，一一蒐羅考訂。進而將所有資料分別歸納、整理、綜合、比較、分析、闡述。

文分九章：首章〈緒論〉載明問題陳述、文獻分析、研究目的、研究範圍與限制、研究方法；二章〈葉德輝傳略〉論述葉氏生平事迹、政治立場與生命情調；三章〈葉德輝之學術活動〉分藏書、著書、刻書三節，考察葉氏學術成就，並析論其編撰《書林清話》之內在因緣；四章〈《書林清話》之編撰〉，探討其編撰動機、成書經過與編撰體例，並考述書中引用諸家目錄題跋之版本；五、六、七三章〈《書林清話》內容述評〉闡述評介其內容之理論與實際，計分十三節；八章〈《書林清話》之評價與影響〉，評斷該書之價值及影響；九章〈結論〉，後附參考書目。

# 目次

# 自　序

讀書治學，必得通知版本目錄；通知版本目錄，必先參閱《書林清話》。《書林清話》民國葉德輝撰，是學子入門的嚮導、攻治的階梯；自其問世以來，有關之著作莫不沿襲其說徵引其所提供之資料。因葉德輝網羅宏富、脈絡清楚、自成體系，學界推之爲中國第一部研究版本的專著、第一部系統書史，對中國書史及版本目錄學之貢獻不可謂不大。但長期以來，葉德輝思想及生活上的異端，轉移學界的注意力；葉在學術上的成就罕人探討，相關的研究（全面的、深入的）亦付闕如；即連葉氏的心血結晶《郎園全書》，在臺灣似僅有中央研究院傅斯年圖書館收藏。以葉德輝在近代史中的地位，及其在學術園地裏用力之勤、沾溉之廣、惠人之多，學界之冷漠，對葉氏而言甚爲不公。本書之作，盼能拋磚引玉，喚起大家對葉德輝及其學術之重視。

全書凡分九章：首章〈緒論〉載明寫作動機、文獻分析、研究目的、研究範圍與限制、研究方法；二章〈葉德輝傳略〉敘述葉德輝之生平事迹、政治立場與生命情調；三章〈葉德輝之學術活動〉分藏書、著書、刻書三節考察葉氏學術成就，並析論其與《書林清話》、創作之內在因緣；四章〈書林清話之編撰〉，探討葉氏之編撰動機、成書經過與編撰體例，並考述書中引用諸家目錄題跋之詳細版本；五、六、七章〈書林清話述評〉闡述《書林清話》全書內容之蘊涵與意旨、理論與實際，以歸納比較的方式，作歷史性的陳述、哲學性的分析、考據性的辨正，計分十三節，企圖涵蓋與詮釋全書十卷十二萬言全部資料與觀點之實際指涉；八章〈書林清話之評價與影響〉，評估《書林清話》全書之價值與地位。九章〈結論〉，後附參考書目。

茲編之作，歷時多年，寫作期間承蒙多位良師好友之鼓勵協助，終能完篇，深恩厚誼，不勝感荷。資質駑鈍，文獻不足，舛訛之處在所難免，尚祈博雅君子有以指正。

一九九九年八月蔡芳定序於台北

# 第一章　緒　論

## 第一節　問題陳述

古籍整理，不是復古行徑，而是繼承傳統文化、開創人類文明、爲科學研究服務的一種積極作爲。中國古籍卷帙浩繁汗牛充棟，從竹簡木牘、帛書紙卷到書冊圖籍，從手抄、版刻到活字排印，一再的翻印與流傳，形成版本之間的若干差異，造成判斷認知的諸多分歧，爲了辨識眞僞，判別是非，獲得正確結論，古籍整理有其必要。古籍整理需「眼別眞贋心識古今」，不懂版本發展規律，不諳古籍發展演變過程，便無法整理古籍、無法探求文化發展狀況、無法掌握學術潮流趨向，易言之，學子便無法讀書治學，因而講究中國書史及版本之學的研究，便益形重要。倡談此一領域之學術研究，《書林清話》是基本必備之工具書；自此書問世之後，言中國圖書版本始有專門著作。〔註 1〕

《書林清話》，民國葉德輝撰。葉德輝（西元 1864～1927 年），是中國近代史上著名之古文史研究者，畢生致力於古書、古物之蒐集；長期從事版本、校勘、史學及文字學之研究；撰述豐富，在學術界產生一定程度的影響，尤其是圖書文獻及版本目錄學之研究。〔註 2〕《書林清話》一書，葉氏網羅宏富、用力甚勤，被論者評爲第一部研究版本學的著作、第一部有系統的書史。〔註 3〕全書十卷凡二十萬言，書成於清朝末年，幾經修改，終於民國九年（1920）刊行。全書以筆記形式討論中國古代雕版書籍的種種現象與問題，提供讀者許多

---

〔註 1〕屈萬里、昌彼得合著，潘美月增訂《圖書板本學要略》（台北：中國文化大學出版部，民 75 年），頁 1。

〔註 2〕杜邁之、張承宗合著《葉德輝評傳》（長沙：岳麓書社，1986 年）。頁 10～14。

〔註 3〕同註 2。

版本資料及專門知識。不僅說明書籍、版片之各種名稱，敘述唐宋以來雕版、活字板、彩色套印等各種印刷方法的創始、發展與傳播；而且介紹歷代刻書之規格，材質工資之比較，印刷、裝訂、鑒別、保存等方法，並考論歷代著名刻本之優劣與書林之掌故，對版本考訂與書史研究貢獻甚大，是近、現代版本學研究領域中，影響力最爲深遠的一部論著。〔註 4〕海峽兩岸的相關著作，大都引徵《書林清話》所提供的資料。〔註5〕

綜上所述，《書林清話》一書之成書經過、詳細內容及其評價與影響便深具考述闡析之意義與價值。

## 第二節　文獻分析

《書林清話》的作者葉德輝乃清末民初之大藏書家，攸關藏書家故實之文獻述及者計有：袁同禮〈清代私家藏書概略〉；〔註6〕洪有豐〈清代藏書家考〉；〔註7〕楊蔭深《中國學術家列傳》；〔註8〕蘇精《近代藏書三十家》；〔註9〕盧秀菊教授〈清代私家藏書簡史〉；〔註10〕王河《中國歷代藏書家辭典》〔註11〕等，然以上諸文獻除蘇精《近代藏書三十家》較詳盡外，其他皆屬概述性質，有關葉德輝之生平事迹著墨不多。此外，李振華〈湖南碩儒葉德輝〉；〔註12〕孟源〈玩世不恭的葉德輝〉；〔註13〕曾省齋〈葉德輝俞秩華被殺記慟〉；〔註14〕許崇熙〈郎園先生墓志銘〉；〔註15〕失名〈葉郎園事略〉；〔註16〕李肖聃《星廬筆記》；

---

〔註 4〕蔡芳定，〈葉德輝版本目錄學專著四種概述〉，《國立中央圖書館館刊》新二十六卷第二期（民 82 年 12 月），頁 138～140。

〔註 5〕同註 2，頁 90。

〔註 6〕袁同禮，〈清代私家藏書概略〉，《圖書館學季刊》一卷一期（民 15 年 1 月），頁 37。

〔註 7〕洪有豐，〈清代藏書家考〉，《圖書館學季刊》一卷一期（民 15 年 1 月），頁 42。

〔註 8〕楊蔭深，《中國學術家列傳》（台北：德志，民 57 年），頁 486～487。

〔註 9〕蘇精《近代藏書三十家》（台北：傳記文學出版社，民 71 年），頁 37～42。

〔註10〕盧秀菊，〈清代私家藏書簡史〉，嚴文郁等著，《將慰堂先生九秩榮慶論文集》（台北：臺灣商務印書館，民 76 年），頁 39～52。

〔註11〕王河，《中國歷代藏書家辭典》（上海：同濟大學出版社，1988 年），頁 62。

〔註12〕李振華，〈湖南碩儒葉德輝〉，《暢流》十二卷二期（民 44 年 9 月），頁 2～3。

〔註13〕孟源，〈玩世不恭的葉德輝〉，《暢流》三五卷三期（民 56 年 3 月），頁 8。

〔註14〕曾省齋，〈葉德輝俞秩華被殺記慟〉，《藝文誌》二九期（民 57 年 3 月），頁 14～15。

〔註15〕許崇熙，〈郎園先生墓志銘〉，閔爾昌輯，《清朝碑傳全集》四（台北：大化書局，民 73 年），頁 3784。

〔註 17〕王覺源〈奇人異事葉德輝〉；〔註 18〕姜穆〈讀書種子葉德輝老婆不借書不借〉〔註 19〕等，皆有葉德輝之傳略。資料比較詳實的則有：葉德輝《郋園六十自敘》〔註 20〕與杜邁之、張承宗合著之《葉德輝評傳》；〔註 21〕後者對葉氏之生平敘述頗詳，對其學術成就之介紹也較為全面，但有關版本目錄學研究的探討則尚欠深入。

《書林清話》在中國書史及版本目錄學上具有相當之份量，有關著作均給予評述。如：陳國慶《古籍版本淺說》；〔註 22〕魏隱儒《古籍版本鑒定叢談》；〔註 23〕屈萬里、昌彼得合著，潘美月教授增訂之《圖書板本學要略》；〔註 24〕李清志《古書板本鑑定研究》；〔註 25〕李致忠《古書板本學概論》；〔註 26〕戴南海《版本學概論》；〔註 27〕陳宏天《古籍版本概要》；〔註 28〕陳彬龢、孟猛濟《中國書史》；〔註 29〕潘美月教授《圖書》；〔註 30〕鄭如斯、蕭東發《中國書史》；〔註 31〕張秀民《中國印刷術的發明及其影響》；〔註 32〕余嘉錫〈書冊制度補考〉；〔註 33〕錢存訓《中國古代書史》；〔註 34〕吳楓《中國古典文獻學》；

〔註 16〕失名，〈葉郋園事略〉，汪兆鏞輯，《碑傳集》三編（台北：大化書局，民 73 年），頁 4466～4467。

〔註 17〕李肖聃，《星廬筆記》（長沙：岳麓書社，1983 年），頁 30。

〔註 18〕王覺源，〈奇人異事葉德輝〉，王覺源著，《近代中國人物漫評》（台北：東大圖書公司，民 78 年），頁 591～607。

〔註 19〕姜穆，〈讀書種子葉德輝老婆不借書不借〉，《中央日報》，民 81 年 4 月 21 日，第十七版。

〔註 20〕葉德輝，《郋園六十自敘》（長沙：葉氏澹園，民 12 年），頁 1～8。

〔註 21〕同註 2。

〔註 22〕陳國慶，《古籍版本淺說》（瀋陽：遼寧人民出版社，1957 年），頁 56。

〔註 23〕魏隱儒，《古籍版本鑒定叢談》（太原：山西省圖書館，1978 年），頁 125～126。

〔註 24〕同註 1。

〔註 25〕李清志，《古書板本鑑定研究》（台北：文史哲出版社，民 75 年），頁 5。

〔註 26〕李致忠，《古書版本學概論》（北京：書目文獻出版社，1987 年），頁 5。

〔註 27〕戴南海，《版本學概論》（成都：巴蜀書社，1989 年），頁 34。

〔註 28〕陳宏天，《古籍版本概要》（台北：洪葉文化事業有限公司，民 81 年），頁 25。

〔註 29〕陳彬龢、查猛濟合著，《中國書史》（上海：商務印書館，1935 年），頁 195。

〔註 30〕潘美月，《圖書》（台北：幼獅圖書公司，民 75 年），頁 33～158。

〔註 31〕鄭如斯、冉東發合著，《中國書史》（北京：書目文獻出版社，1987 年），頁 146。

〔註 32〕張秀民，《中國印刷術的發明及其影響》（台北：文史哲出版社，民 77 年），頁 35。

〔註 33〕余嘉錫，〈書冊制度補考〉，王國良、王秋桂合編《中國圖書文獻學論集》（台北：明文書局，民 75 年），頁 23。

〔註35〕張舜徽《中國文獻學》；〔註36〕王欣夫《文獻學講義》；〔註37〕梁啓超《國學入門書要目及其讀法》；〔註38〕謝國楨〈叢書刊刻源流考〉；〔註39〕李洣〈書林清話校補一〉；〔註40〕長澤規矩也〈書林清話校補二上二下〉；〔註41〕；蔡芳定〈葉德輝版本目錄學專著四種概述〉〔註42〕等。唯諸文獻皆爲通論之作，篇幅有限，難窺全貌。

由上可知，諸文獻或所述甚簡，或乏系統闡述，或偏於專題之研析，欲求通貫葉德輝《書林清話》學術精髓之論述專著，仍付闕如，實有待吾人之闡揚。

## 第三節　研究目的

本書之研究目的主要有四：

一、敘述葉德輝之生平事迹、政治立場、生命情調及其學術活動。

二、探討《書林清話》之編撰動機、成書經過、編撰體例；並考述葉氏所引用諸家書目題跋之版本。

三、分析《書林清話》之內容，著重其理論與實際之運用與配合。

四、評估《書林清話》在中國書史及版本目錄學的成就與影響。

## 第四節　研究範圍與限制

本書將以中國書史及版本目錄學之觀點，研究《書林清話》之成書與內容，及其影響與成就。至於葉德輝其他方面的論述與成就，如：史學、文學、文字學等，則不在討論之列。

〔註34〕錢存訓，《中國古代書史》（香港：中文大學出版社，1975年），頁100～101。
〔註35〕吳楓，《中國古典文獻》（濟南：齊魯書社，1982年），頁49。
〔註36〕張舜徽，《中國文獻學》（台北：木鐸出版社，民72年），頁184。
〔註37〕王欣夫，《文獻學講義》（台北：台灣商務印書館，民81年），頁196～242。
〔註38〕梁啓超，《國學入門書要目及其讀法》，《書目類編》第九四冊（台北：成文，民58年），頁24。
〔註39〕謝國楨〈叢書刊刻源流考〉，王國良、王秋桂合編，《中國圖書文獻學論集》（台北：明文，民75年），頁574。
〔註40〕李洣〈書林清話校補一〉，葉德輝著，《書林清話》（台北：世界書局，民77年），頁295～306。
〔註41〕長澤規矩也，〈書林清話校補二上二下〉，葉德輝著，《書林清話》（台北：世界書局，民77年），頁1～28。
〔註42〕同註4。

## 第五節　研究方法

本書採歷史研究法，就直接資料之葉氏傳記、《書林清話》原書、與其他葉氏之藏書目錄題跋；間接資料之諸家藏書志、版本目錄學專著、中國書史等論述及相關之研究論文，一一蒐羅考訂。進而將所蒐得之資料分別歸納、整理、綜合、分析、闡釋、解讀、比較，期使葉德輝《書林清話》之學術內涵及其貢獻，獲致客觀與系統之評述。

# 第二章　葉德輝傳略

## 第一節　生平事迹

葉德輝（西元 1864～1927 年），湖南湘潭人，字奐份（一作煥彬），號直山，別號直心、郎園。先世不傳，以商販起家，稱鄉中富有。但據葉德輝之自述，葉姓遠出於楚之葉公，世居南陽，自宋之後南渡，遷越遷吳，定居江蘇吳縣洞庭山。〔註 1〕宋元以來名卿輩出，宋代葉夢得，即其六世祖。〔註 2〕葉德輝曾編撰專門記載葉夢得事迹的《石林遺事》，在卷首葉德輝曾云：

> 右少保公象，爲江蘇蘇州府滄浪亭五百名賢畫像之一。……吾家祖輩畫像滄浪亭者凡七人，自公以下有：昆山派十八世文莊公盛，汾湖派二十世尚寶卿紳，郡城派二十三世贈光祿少卿初春，汾湖派二十四世工部主事紹袁，大理寺卿紹顒，昆山派二十五世文敏公方藹。名卿碩輔爲鄉人矜式者皆在吾家，蓋信少保公流澤孔長，其賡續興起之人正未有艾而已。〔註 3〕

「名卿碩輔爲鄉人矜式者皆在吾家」葉氏極言其家族門第之尊貴。葉德輝曾自稱「茅園派裔孫三十八世」，校刊《石林治生家訓要略》序末，署名「前巷

〔註 1〕葉德輝，〈校輯《鬻子》序〉，葉德輝輯，《鬻子》二卷，《郋園先生全書》（長沙：中國古書刊印社，民 24 年），頁 1。

〔註 2〕葉德輝，《石林遺事》三卷，《郋園先生全書》（長沙：中國古書刊印社，民 24 年），頁 1。

〔註 3〕同註 2。

派楊灣支裔葉德輝」。〔註 4〕楊灣在今江蘇吳縣，爲葉氏祖籍所在；因而葉德輝好稱自己是吳人，還主持修纂過《吳中葉氏族譜》。

道光末年其父葉雨村（字浚蘭），當太平天國戰事生起之時，率妻小移居湖南，在長沙落戶，以湘潭爲籍。葉雨村以種植、販賣水果起家，善於投資理財，因而家中漸漸富有，先後開過染坊、槽坊、錢鋪、百貨號，並經營黑茶生意，遠銷甘肅一帶。〔註 5〕葉雨村在事業有成之後，遂候選直隸州知州，二品封典，飭躬勵行以豐其家。〔註 6〕生子四人，葉德輝居長。

葉德輝自幼天資穎悟，勤苦力學不假師資。八歲入小學：十歲讀《四書》、《說文》、《資治通鑑》及朱子《名臣言行錄》。十五歲曾一度棄學從商，未三日，一夜仰臥忽而開悟，平生所學詩文頃刻了然於心，持之請教塾師，塾師予以激賞，葉德輝於是重新入學；十七歲入嶽麓書院就讀；二十二歲補湘潭縣學附生，次年中式鄉試舉人。三十歲（光緒十八年）及第，與張元濟、李希聖等同年，朝考二等以主事用，觀政吏部。〔註 7〕不久，以不樂仕進，乞歸養親，奉母讀書，遺棄榮利，矢志學術研究。

葉德輝歸里之後，移居長沙蘇家巷，湖廣總督張之洞任命他爲湖北存古學堂分校及兩湖米捐局總稽查等職，〔註 8〕與同邑王先謙一見投緣爾後交往密切，二人同爲湖南守舊派人士之領袖。葉氏個性怪僻、倔強、保守、頑固，意氣風發、辯才無礙。〔註 9〕戊戌變法時期，與王先謙託言孔子改制之誣，反對康、梁改革，性命幾致不保，後倖賴慈禧垂簾聽政，得以保全首級，名聲因之而大噪，但從此廟堂水火，舉國譁然。〔註 10〕政變失敗，康、梁逃亡海外撰論抨擊滿清政府，葉德輝奉俞廉三之命，據其「逆蹟」成《覺迷要錄》四卷，以闢革命之說，作「康梁逆案之定讞」。〔註 11〕此後

〔註 4〕葉德輝校刊，《石林治生家訓要略》一卷，《郋園先生全書》（長沙：中國古書刊印社，民 24 年），頁 1。

〔註 5〕杜邁之、張承宗合著，《葉德輝評傳》（長沙：岳麓書社，西元 1986 年），頁 2。

〔註 6〕許崇熙，〈郋園先生墓志銘〉，閔爾昌輯，《清朝碑傳全集》四（臺北：大化書局，民 73 年），頁 3784。

〔註 7〕失名，〈葉郋園事略〉，汪兆鏞輯，《碑傳集》三編（臺北：大化書局，民 73 年），頁 4466～4467。

〔註 8〕同註 5，頁 3。

〔註 9〕王覺源，〈奇人異事葉德輝〉，《近代中國人物漫譚》（臺北：東大圖書公司，民 78），頁 592。

〔註 10〕蔡冠洛編，《清代七百名人傳》（臺北：文海出版社，民 62 年），頁 263～264。

〔註 11〕葉德輝，《覺迷要錄》四卷，《郋園先生全書》（長沙：中國古書刊印社，民 24 年），頁 3。

葉之風評不佳，所謂「劣紳」之名不逕而走，被時人謂其假借職務之便，處處與民爭利。宣統二年（西元 1910 年），湖南災荒，米價飛漲，長沙飢民暴動罷市，抗議土豪劣紳不顧人民死活，乘機囤積米糧，謀取暴利；葉德輝與王先謙皆被牽連其中，王被連降五級調用，葉則被革去功名永不敘用，並交地方官嚴加管束。〔註 12〕

辛亥革命時期，葉德輝仍一心挽救有清王朝，阻遏革命，但卻抵擋不了歷史的潮流，逃亡朱亭觀風待變。〔註 13〕辛亥革命後，民國成立，黃興厥功甚偉，於民國元年（西元 1912 年）回到長沙，受到英雄式的熱烈歡迎。當路迎至德潤門，並將此門改為「黃興門」；黃之故居，長沙市最繁華的坡子街，則易名為「黃興街」。葉德輝聞訊當即率同街夫大鬧坡子街，摘下「黃興街」路牌，戲作〈坡子街光復記〉一文，語多諧謔；當路斥其妄，將之逮捕，拘至警廳，審訊後釋回。〔註 14〕旋即由葉之日籍友人掩護逃至上海，此後，葉德輝即奔走於上海、京師與漢口之間。〔註 15〕

民國三年（西元 1914 年）除夕，湯薌銘督湘，嚴限民間收回紙幣；長沙各商店因擠兌而倒閉，嚴重影響葉德輝切身之商業利益。葉對湯之施政頗為不滿，嚴辭批評，曾致書友人，力詆其謬；友人不慎，將之登於報端；湯薌銘見之大恨，派暗探捕解返回長沙，擬誣以他罪，請就地正法，欲除之而後快；賴友人之求助袁世凱，袁世凱以葉德輝乃一名士素有文名，不可草率，葉德輝終獲開釋。〔註 16〕因此，葉對袁感激萬分，對袁之帝制復辟則傾向支持。民國四年（西元 1915 年），葉德輝被推舉為湖南省教育會會長，又因葉家自清光緒年間開始，即販運安化紅茶銷往俄國致富，同時也被推任為長沙總商會會長。〔註 17〕葉以教育會會長之尊，積極貫徹袁世凱之理念，促弟子劉肇隅倡組「湖南省經學會」；強調經學以發明義訓、通知世用為本，不分漢宋門戶，不拘鄉里派系。八月，籌安會湖南分會成立，推定葉兼任會長；十月，所謂「國民大會」召開，葉被指定為國民代表，投票贊成君主立憲十二月，葉德輝更呈文袁世凱，力主中小學必須尊孔讀經，葉氏親自講授經學，

〔註 12〕同註 5，頁 24～25。
〔註 13〕同註 5，頁 28。
〔註 14〕楊蔭深，《學術家列傳》（臺北：德志，民 57 年），頁 486～487。
〔註 15〕葉德輝，《漢上集》一卷，《郎園先生全書》（長沙：中國古書刊印社，民 24 年），頁 1。
〔註 16〕李肖聃，《星廬筆記》（長沙：岳麓書社，西元 1983 年），頁 30。
〔註 17〕蘇精，《近代藏書三十家》（臺北：傳記文學出版社，民 71 年），頁 38。

編寫《經學通詁》廣為發行。〔註 18〕民國五年（西元 1916 年），袁世凱帝制失敗，葉德輝避居蘇州，對袁氏之失敗倍感惋惜沮喪。〔註 19〕三年後，葉德輝又回到湖南；葉氏鄉居總計二十年，毀譽參半，譽者謂其「對湘政陰移顯操，有利澤焉」；毀者則謂其武斷鄉曲，橫行霸道，為富不仁。〔註 20〕

北伐戰爭時期，葉德輝對農民革命深惡痛絕。民國十六年（西元 1927 年）共產黨在長沙引發農民運動，葉德輝對於農民協會的作為極感痛心；因題一聯，大罵農協分子，聯曰：「農運宏開稻梁菽麥稷盡皆雜種，會場廣闊馬牛羊雞犬豕都是畜生」；橫額為：「斌卡尖傀」，意即不文不武、不上不下、不大不小、不人不鬼。當時湖南農會主席易禮容、工會主席郭亮，得悉此聯，恨之入骨，遂加以「土豪劣紳」之名，率數百群眾，包圍葉宅。將葉氏擁至教育會場，召開鬥爭大會。葉德輝臨死不屈，猶戟指怒罵易、郭二人，後遂遭鬥爭致死，享年六十四。〔註 21〕葉德輝有子三人：啓倬、啓慕（其中一子殤）；孫五人：運隆、運良、運恭、運儉、運讓。〔註 22〕

葉德輝幼承家訓，服膺儒術，於學無所不通，尤精目錄、版本、文字之學，日以搜訪古籍為樂，費四十年心力，累書三十萬卷。藏書既富，著述滋多，雖流離播遷之際，仍手不釋卷，深慨當時學者因襲明人好著議論不究涯際之浮泛習氣，因而考訂精審根柢甚深。所著及校刻書凡數十百種，對後代影響甚大。〔註 23〕

## 第二節　政治立場

葉德輝身處新舊交替的時代，列強對中國的侵凌空前兇猛，中國的反應也隨之激烈，建設中國成一科學、文化、精神且富強的國家，再經由制度的建立確保個人權利，以期達到民主制度的實施，繼而使富強的中國能夠與列強相對抗，是許多人衷心的希望。特別是滿清中葉以後，內憂外患交相煎逼，清廷之腐敗暴露無遺；有識之士咸認中國非變不可。光緒二十三年（西元 1897 年）工部主事康有為上萬言書力主變化，一時海內傾動，湖南尤烈。時巡撫

〔註 18〕同註 5，頁 35。
〔註 19〕葉德輝，《郋園讀書志》（臺北：明文書局，民 79 年），頁 1745。
〔註 20〕同註 5，頁 42～47。
〔註 21〕孟源，〈玩世不恭的葉德輝〉，《暢流》三五卷 3 期（民 56 年 3 月），頁 8。
〔註 22〕同註 7。
〔註 23〕同註 10。

陳寶箴及子三立、署按察使黃遵憲、學政江標、徐仁鑄與地方人士譚嗣同、唐才常、熊希齡等贊助之，積極推動變法，創辦「時務學堂」、「南學會」、《湘學新報》（旬刊），《湘報》（日刊），舉辦各項新政，氣象丕變，梁啓超應聘主講「時務學堂」爲中文總教習；中學以經史爲主，西學以憲法官制爲歸，而以振興民權爲救國途徑，大倡變法、自由、民權之論，梁任教雖僅四月，然其朝氣頗爲生發，留下的影響則繼長增高，因而湖南維新事業陸續開展聳動中外，全國信之者眾。〔註 24〕然葉德輝一本保守頑固的立場，反對維新，攻擊康、梁，不遺餘力，針對康有爲《長興學記》、梁啓超《讀西學書法》《春秋界說》《孟子界說》以及徐仁鑄《輶軒今語》分別撰文批駁，梁氏批評學生之箚記、時務報、湘學報諸論文，葉氏亦一網打盡。茲將葉德輝駁梁批選抄一例如下：

梁批：「今日欲求變法，必自天子降尊始，不先變去拜跪之禮，上下仍習虛文，所以動爲外國所訕笑也。」

葉駁：「案此言竟欲易中國跪拜之禮，爲西人鞠躬，居然請天子降尊，悖妄已極！」

梁批：「興民權者斷無可亡之理。」

葉駁：「民有權，上無權矣！」

梁批：「二十四朝其足當孔子至號者無人焉，間有數霸生於其間，其餘皆民賊！」

葉駁：「案二十四朝之君主謂之民賊，而獨推崇一孔子，是孔子之受歷代褒崇爲從賊矣，狂吠可恨！」〔註 25〕

由上文得知，葉之宗經尊君與梁之叛逆求變，其言論對立之一斑。

在反維新之具體行動上，葉德輝與王先謙上呈巡撫陳寶箴，請退梁啓超，謂「時務學堂」違背「名教綱常」、「忠孝節義」爲製造無父無君之亂黨所在，「南學會」提倡一切平等爲「禽獸之行」。〔註 26〕葉氏與維新運動衝突的焦點在於他：反對變法、反對民主、主張君主專制。葉德輝以爲中國自古以來即爲君主之國，其權力不可下移；自堯舜禪讓以下之政治已成家天下之局，地

〔註 24〕郭廷以，《近代中國史綱》（香港：中文大學出版社，西元 1980 年），頁 313～314。

〔註 25〕侯外廬，《近代中國思想學說史》（重慶：生活書店，民 33 年），頁 666。

〔註 26〕葉德輝，《翼教叢編》卷五，《郎園先生全書》（長沙：中國古書刊印社，民 24 年），頁 2。

大物博常招致奸宄叢生，實行君主專制，尚且治日少亂日多，實行民主，則難保不會天下大亂。葉氏指責康梁欲立民主欲改時制，託言公羊家之言，實無憑無據，只是遂其「附和黨會之私智」，以「快其恣睢之志」，並批評康梁之崇尚西學只是「信今薄古」「智西愚中」之舉措。〔註27〕後戊戌政變失敗，康、梁逃往海外，梁啓超在日本發刊《清議報》醜詆慈禧，康有爲則在加拿大組織「保皇會」頌揚光緒；光緒二十六年（西元 1900 年）唐才常在武漢領導自立軍起義失敗，株連被殺者達百餘人，葉德輝奉俞廉三之命，據諸叛逆事蹟成《覺迷要錄》打擊維新派人士，擁護以慈禧爲首的滿清政權。

因而當歷史潮流往前推進，辛亥革命成功之後，葉德輝難掩徬徨失落之志，《郎園六十自序》曾云：「國破家亡，主憂臣辱。余雖通籍，未一日補官。惟念二百餘年列祖列宗煦育卵翼之人民，一旦改革，罹于刀兵水火之劫，而以湘中爲尤慘，余獨何心乃以爲壽。」〔註28〕直以亡國之臣自居，對革命深抱刻骨仇恨；期待有朝一日能復辟王朝，將夢想放在軍閥及立憲派分子身上，毫不忌諱的將「復辟」掛在口頭。《郎園六十自序》又云：「于袁氏帝制曾無異詞，清祚既傾，中原無主，唐高宋藝果能救民水火，則逆取順守，天下後世終得而諒之，特視其人如何耳。」〔註29〕因而民國三年（西元 1914 年）袁世凱在日本帝國主義的支持下，加緊復辟帝制的活動，葉德輝聞訊十分興奮，四出奔走，積極效勞；袁氏失敗後，葉德輝的沮喪失落，充分洋溢在詩文創作的字裏行間。〔註30〕北伐時期，國共分裂，中共領導工農群眾暴動，葉氏以其一貫政治立場，嚴詞攻擊，極盡諷刺之能事，終致遇難喪生。

觀葉氏一生的政治立場，不外反對維新、反對民主、主張君主專制、擁護復辟、反對共產黨，其行事皆由其尊經重道、維護聖教之歷史觀及封閉、保守、執著之性格使然；後人對其行事之批評，毀譽亦參半。葉氏墓前的詩句：「九死關頭來去慣，一生箕口是非多」，〔註31〕正是其政治立場之最佳寫照。

〔註27〕葉德輝，《翼教叢編》卷四，《郎園先生全書》（長沙：中國古書刊印社，民 24 年），頁 2～15。

〔註28〕葉德輝，《郎園六十自敍》（長沙：葉氏澹園，民 12 年），頁 2。

〔註29〕同註 28，頁 4。

〔註30〕葉德輝，《郎園讀書志》（臺北：明文書局，民 79 年），頁 1745。

〔註31〕同註 16，頁 31。

## 第三節　生命情調

葉德輝的生命情調，呈現多元化樣態。在學術活動的經營上，極其嚴謹篤實；在古籍古器物的收藏上，極其風雅執著；但在私生活方面，却又玩世不恭、不拘細節，甚且流於我行我素，荒淫糜爛。

在學術生活方面，葉德輝以用心認眞嚴謹篤實著稱。他不僅藏書、刻書更讀書，而且手不釋卷，道地是一讀書種子；做起學問，愈見紮實渾厚一絲不苟，他對時尚的好著議論不究本源頗爲反感，對「藏書者益多，而讀書者益少」的現象，至表憂心。許崇熙在〈郋園先生墓志銘〉一文中，有如是的推崇：「壬子以後，不常厥居；北覽燕雲，東遊吳會。藏書既富，著述滋多，雖在流離，卷不去手。嘗慨湖湘往時學者，因沿明人習氣，好著議論，不究本源，雖擅淹通，益形固陋；故其爲學博大汪洋、靡測涯際，而考訂精審，從不輕下己意。一時言古學者，翕然宗之，海內外無異辭焉。」〔註 32〕

葉德輝的風雅與執著，表現在古籍、古器物的收藏上面，特別是古籍的搜訪，愈見其狂熱。他的兒子葉啓倬曾云：「家君每歲歸來，必有新刻藏本書多櫥，充斥廊廡間，檢之彌月不能罄，平生好書之癖，雖流離顚沛固不易其常度也。」〔註 33〕葉德輝因而有三十萬卷之鉅藏。葉氏重視藏書，視之爲傳家之寶，希望「讀書種子一日不絕，則余藏書一日不散，于此以卜家澤之短長」〔註 34〕因而經常告誡子孫護持藏書。葉氏〈山中十憶詩．憶藏書〉曾云：「四千餘冊手常披，坐擁書囊作絳帷，亂後如同故國思，記得銘廚留祖訓，借人不孝鬻非兒。」〔註 35〕可見其重視藏書、愼守藏書之用心。據云爲防杜親友開口借書，常於書齋標貼一字條：「老婆不借，書不借」，將書提昇至與老婆同等之地位，可見其珍視藏書之程度。〔註 36〕

葉德輝的私生活，常引人詬病，飽受批評，始因於性格及作風，「文酒自娛」不足以形容其具體生活之實況，據《葉德輝評傳》一書之描述，葉氏一

〔註 32〕同註 6。

〔註 33〕葉啓倬，〈觀古堂藏書目跋〉，葉德輝著，《觀古堂藏書目》（長沙：葉氏觀古堂，民 4 年），頁 96。

〔註 34〕同註 19，頁 435。

〔註 35〕葉德輝，《朱亭集》，《郋園先生全書》（長沙：中國古書刊印社，民 24 年），頁 7～8。

〔註 36〕同註 9，頁 596。

生沈湎於戲院、娼寮生活，奢靡成風，荒淫無恥。〔註 37〕該書作者杜邁之、張承宗所根據之文獻主要有三：其一爲李肖聃之《星廬筆記》，其二爲楊世驥《辛亥革命前後湖南史事》，其三則爲王闓運《湘綺樓日記》，今引述於後。據李肖聃《星廬筆記》記載：

> 光緒中，長沙王運長、徐崇立、馬象雍，崇化許崇熙、龔禮焘、梁稚非，皆以諸生擅長文藝，與葉吏部德輝日夜豪游，長沙市人相目爲十二神。而稚非天才甚高，學使江標欲拔而貢之于朝，終以厄于學官，不舉優行，不能有成。稚非益自放於禮法之外，夏日常裸體居室中，不衫不褲。省城迎城隍神，雜陳百戲，稚非與妖童曼姬乘輿共席，游行市中。于是學官弟子、縉紳先生交口非詆之，獨德輝時時左右之。〔註 38〕

由上可知葉德輝與諸生放縱形骸之一斑，特別是梁稚非自放於亂法之外，效竹林七賢之行徑，不見斥於葉德輝，亦可見葉氏之品味。封建解體之後，葉德輝虛無沮喪，愈形沈溺聲色、佚游荒醉、不拘細節。據楊世驥描述，葉氏長期包占私娼、逼令娼妓群相裸逐飲酒作樂、力捧戲子爭奪名角，猶有甚者，玩弄男色。〔註 39〕王闓運《湘綺樓日記》還記載他與葉德輝同在一起徵歌選色的經過。〔註 40〕近人王覺源在〈奇人異事葉德輝〉也記載葉氏風流浪漫，喜漁女色，王云：

> 晚年，常藉故遠遊十里洋場的上海。每至必偕其門弟子曹某，冶遊宿娼，無有虛夕。曹某以無資奉陪藉口避去，葉亦不強。無事閒遊時，必至四馬路採購春畫，過昏暗處所，則邀賣者携貨至其旅舍，供其選擇，藉此飽覽一番。據曹某云：葉氏長沙住宅的臥室中，常懸不太大膽暴露的仇十洲畫多幅，尚幽默含蓄。〔註 41〕

葉德輝的凡胎凡骨，與常人無異，甚者有逾常夫。葉氏喜愛春畫，除觀賞之外，尚有一用途。據王覺源的描述，葉德輝喜在珍本書中夾置春畫，外人異之，葉氏謂其可防火災。〔註 42〕此種相關之流言，市井言之鑿鑿，苦無確證，

---

〔註 37〕同註 5，頁 48～49。
〔註 38〕同註 16，頁 57。
〔註 39〕同註 5，頁 48。
〔註 40〕同註 5，頁 51。
〔註 41〕同註 9，頁 594。
〔註 42〕同註 9，頁 596。

僅能存疑。因而在衛道人士的眼裡，葉氏的私生活，是舊式貴族無行文人的典型。〔註 43〕最遭外人訾議目為「劣紳」「怪人」者莫過於刊刻《雙楳景闇叢書》一事。葉德輝在西元 1907 年所刊刻的這套叢書，包括：《素女經》、《素女方》、《玉房秘訣》、《玉房指要》、《洞玄子》、《天地陰陽交歡大樂賦》、《青樓集》、《板橋雜記》、《吳門畫舫錄》、《燕蘭小譜》等十六種，這些書過去統稱為「房中術」，今世則謂之「性書」，內容全是有關男女交合之事，此項舉措予人以公開誨淫之嫌，頗為駭人聽聞，葉氏也落得荒唐淫穢之惡名。葉氏之大膽前衛，我行我素，令人咋舌。〔註 44〕

葉之玩世不恭除上所述諸事之外，亦表現其雅富幽默善作遊戲文字上面，自嘲甚且嘲人。宣統二年（西元 1910 年），他因長沙飢民暴動事件被革去功名，曾致書繆荃孫自許他生平有三不怕：「不怕革職，不怕窮，不怕死，今已革職，已半死，只尚未窮耳。為富不仁，為仁不富，究竟不能自主。」〔註 45〕《郋園六十自敍》曾自謔云：「天子不得而臣，國人皆曰可殺之葉德輝今居然六十歲矣！」二語如實勾勒其生活及思想之作風。據云其客廳有一橫幅：「鴉片不吃，虧不吃」〔註 46〕又曾自刻一私章曰：「四不朽人」，知者莫不叫絕。葉氏嬉笑怒罵皆成文章，據曰：某富商為子迎娶，備禮乞喜聯於葉德輝，葉氏不假思索揮毫疾書曰：「痛不欲生，惟天下可表；癢得要死，無地自容。」見者無不私笑，其玩世不恭有至此者。〔註 47〕

由上所述，葉德輝的生命情調複雜多姿，其私生活之糜爛，作風行為之大膽，或有惹人非議之處，但從另一個角度來看，葉氏仍不失為懂得生活、富有情趣之浪漫文人。

---

〔註 43〕同註 5，頁 51。
〔註 44〕同註 5，頁 49～50。
〔註 45〕同註 5，頁 27。
〔註 46〕同註 21。
〔註 47〕姜穆，〈讀書種子葉德輝老婆不借書不借〉，《中央日報》，民 81 年 4 月 21 日，第十七版。

# 第三章　葉德輝之學術活動

## 第一節　藏書

葉德輝是近代藏書名家之一。傅增湘曾曰：「吏部君奮起於諸公之後，其閎識曠才銳欲整齊四部網羅百家，與當代瞿陸丁楊齊驅並駕，惜生逢陽九，志不獲舒，而身亦被禍，然其流風餘韻猶能霑溉後學於無窮。」〔註 1〕可見其地位之舉足輕重。葉氏之藏書處名曰「觀古堂」，其先世已經有些藏書，他個人則更積極蒐集，費四十年心力，據估計，遇害之前，可能已然擁有三十萬卷之鉅藏。〔註 2〕

葉德輝藏書的主要來源爲何？其從子葉啓勳曾云：

> 吾家自二世祖北宋少卿公參，三世祖道卿公清臣，以詞館起家，其後世以文章治事顯著當代。十七世祖和靖山長伯昂公爲元故臣，明祖屢徵不起，子孫承其家教，不以入仕爲榮。明文莊公菉竹堂書目碑目、石君公樸學齋鈔書校書，並見重藝林。洎先曾祖、先祖兩世，皆好藏書，其先秦三代古籍，以及漢魏六朝隋唐兩宋元明國朝之最精要者，無不備具。先世父文選君，幼承家學，寢饋于中，四十餘年中間，宦遊京師，更從廠肆搜求，四部之書，尤臻美富。〔註 3〕

---

〔註 1〕傅增湘，〈長沙葉氏紬書錄序〉，葉啓勳著，《拾經樓紬書錄》（臺北：廣文書局，民 78 年），頁 4。

〔註 2〕蘇精，《近代藏書三十家》（臺北：傳記文學出版社，民 71 年），頁 37～42。

〔註 3〕葉啓勳，〈郎園讀書志跋〉，葉德輝著，《郎園讀書志》（臺北：明文書局，民 79 年），頁 1750。

由此得知，其藏書來源主要有二：其一爲繼承家傳；其二則爲葉氏本人之搜求採訪。就繼承家傳而言，依年代之先後可分「遠紹」及「近承」二大部分。先就「遠紹」而論。葉氏家學淵源，因而提及藏書，葉德輝言必稱列祖列宗之藏書成就，如〈以叢刻書貽賀履之路分辱詩獎飾同韻和呈〉云：「吾家藏書本世學，石林後有菉竹堂，石君林宗接花蕚，半繭樸學如翾簀，曾曾小子守彝訓，收拾墜緒揚前光。」〔註4〕另〈寄示金晉八九十諸從子時金晉八十爲余分撰四庫全書目錄板本考九爲余影寫明弘治抄本宋少保乙卯避暑錄〉一詩又云：「先祖先公好聚書，納楹以外盈五車，收藏卷帙溢廿萬，過目差比士禮居。……石林菉竹流風遠，祖硯傳從青卞山……」〔註5〕由此可知葉德輝藏書遠紹先祖之情況。〈日本兼山春篁先生俊興畫麗廔藏書圖見贈賦詩誌謝〉又云：「先代藏書三十世，孫枝分秀到湖湘，納楹敢詡同金匱，列架居然擬石倉，秘閣畫圖慕汲古，故園塵劫賸靈光，煩君遠道來相訪，一幅丹青几席香。」〔註6〕其中「先代藏書三十世」一句之下，葉德輝有如是之註解：

> 吾族由此南徙，六世祖宋少保石林先生以藏書名其後，子孫世世相仍，中如明之文莊公盛，盛子晨，五世孫恭煥，七世孫國華，八世孫文敏公方藹，鴻博公奕苞，及二十五世石君公樹廉，林宗公奕，至今殘篇斷冊，得之者寶若球圖。〔註7〕

此處提及之著名藏書家，分別有：葉夢得、葉盛、葉恭煥、葉國華、葉方藹、葉奕苞、葉樹廉、葉奕等人。他們是葉德輝引以爲榮的典型，是葉氏精神傳繼之源頭，葉德輝受到他們的精神感召最大。

在近承方面，則來自祖先收藏之遺留。葉氏云：

> 先曾祖、先祖兩世皆好藏書，當乾嘉盛時，在籍耆紳，如：王西沚光祿鳴盛、沈歸愚尚書德潛皆與吳家往來，園林題額至今猶在，頹垣破壁間，每過祖庭，想見當時文采風流，日久終不泯滅也。道光季年，山中梟匪蜂起，先祖避亂，始來長沙，行囊不貲，而有楹書

〔註4〕葉德輝，《于京集》，《郋園先生全書》（長沙：中國古書刊印社，民24年），頁22。

〔註5〕葉德輝，《還吳集》，《郋園先生全書》（長沙：中國古書刊印社，民24年），頁1～2。

〔註6〕同註5，頁3。

〔註7〕同註6。

數巨篋，中如：先輩崑山顧氏、元和惠氏、嘉定錢氏諸遺書，以及毛晉汲古閣所刊經史殘冊、唐宋人詩文集，菉竹、石君二公一二舊藏，無錫宗人天來先生收藏，宋少保石林公家訓說部等書。甲乙丹黃，琳琅照目，家君中憲公保守數十寒暑，俾余小子朝夕諷誦，略窺著作門庭，雖無宋刻元抄，而零星短書及明刻精校，摩挲手澤，閱世如新。〔註8〕

檢視上述之言，葉德輝之曾祖、先祖所留下的書籍計有：崑山顧氏、元和惠氏、嘉定錢氏之書；毛晉汲古閣所刊經史殘冊、唐宋人詩文集；葉盛、葉樹廉之舊藏，及無錫宗人天來先生收藏之宋葉夢得家訓說部等書。這些藏書，不僅爲觀古堂豐富典藏奠下深厚基礎，而且替葉德輝高深學問，提供多元化的資源。

至於葉氏本人之搜求採訪部分，則主要來自四大方式，分別是：採購、交換、贈送、抄錄。觀古堂藏書大半來自採購，葉德輝曾自道多次採購經過及所得，葉氏云：

迨余鄉舉，偕計入都，日從廠肆搜訪皇清經解中專本、單行之書，頗有初印佳本。丙戌丁亥，居會城，縣人袁漱六太守臥雪廬藏書大半散出，其中宋元舊槧折閱售之。德化李木齋編修袁書，多蘭陵孫氏祠堂舊藏，記有南宋本兩漢書，觸目垂涎，卒爲李有後，乃稍稍收拾其殘本，或抄或配，日與書棚估客相親，其時同收袁書者有王理安校官啓原，守缺抱殘，恒過余居，考辨眞僞。己庚之際，再至都門，値商邱宋氏緯蕭草堂、曲阜孔氏紅櫚書屋兩家收藏，散在廠甸，余力不能全有，擇其目所缺載，及刻有異同者購之。如：明活字本太平御覽，與萬曆甲辰重刻太平御覽，前後七子詩文，集部康雍諸老藏校諸書，得二十箱捆載南歸。壬辰通籍乞假田居十餘年間，得善化張姓書數櫥。張曾久宦山東，中有王文簡池北書庫、諸城劉文清、歷城馬國翰玉函山房故物，益以袁氏而未盡之餘，往往先得其殘編，久而自相配合，上下三四世，南北三十年，由是四部之儲，稍爲完備。〔註9〕

〔註8〕葉德輝，《觀古堂藏書目》（長沙：葉氏觀古堂，民4年），頁1。

〔註9〕葉德輝，〈觀古堂藏書目序〉，葉德輝《觀古堂藏書目》（長沙：葉氏觀古堂，民4年），頁1～3。

以上所述是葉德輝生平四次重要採購及成果。時間由光緒十一年（西元 1885 年）至光緒十八年（西元 1892 年），前後約七年，葉氏收到的書較大宗者：第一次，在北京廠肆，得有皇清經解中之專本及單行之本，也有初印佳本。第二次，在湖南長沙，收到一大批袁芳瑛臥雪廬的藏書殘本，其中有宋元舊槧，多蘭陵孫氏祠堂舊藏。第三次，葉氏再至都門，適巧商邱宋氏緯蕭草堂及曲阜孔氏紅櫚書屋兩家收藏散在廠甸，葉德輝擇其目所缺較及刻有異同者購之，得二十箱梱載回湘。其中較特別的有：明活字太平御覽、明萬曆甲辰重刻太平御覽、前後七子詩文及集部康雍諸老藏校諸書。第四次則在葉氏乞假田居的十餘年之間，收有善化張姓人家數櫥書籍，張曾久宦山東，因而其中有王士禎池北書庫、諸城劉文清、歷城馬國翰玉函山房的故物。爾後數十年，多方採購的結果，四部藏書漸稱完備。《郋園讀書志》明言以採購方式取得之圖書，至少有《漢熹平石經殘字一冊》等六十九種，其他不列來源者甚多，可見「採購」是葉氏藏書的主要來源。〔註 10〕

葉德輝採訪圖書的第二種方式則爲「交換」，葉氏云：「庚子以後，與日人往來，時以己刻叢書易彼國影刻宋元本醫書及卷子諸本；海內朋好，或以家刻新書交易。至辛亥已得卷十六萬有奇，以重刻計之，在二十萬卷以外。」〔註 11〕光緒二十六年（西元 1900 年）以後，葉德輝與日本學者往來密切，經常以自己所刊刻之叢書與彼國交換影刻宋元本醫書及卷子諸本。對於國內同好，則易之以家刻新書。《郋園讀書志》中至少有二處記其與海內友人交換圖書之情形，如以《明嘉靖庚戌蔣氏刻六卷分體本李義山詩》與傅增湘交換《石林避暑錄話四卷明嘉興項德棻宛委堂校刻本》；〔註 12〕以《明活字印本晏子春秋》與端方交換《宋本南嶽總勝集》。〔註 13〕

葉氏有一部分藏書來自贈送。《郋園讀書志》有四處載及此事：其一，徐森玉送《漢熹平石經序表殘石拓本兩張》；〔註 14〕其二，潘文勤送《沈文濤說文古本考》；〔註 15〕其三，莫楚生送《嘉慶丙辰顧氏小讀書堆刻本繪圖列

〔註 10〕蔡芳定，〈觀古堂藏書聚散考〉，《國立中央圖書館館刊》新二七卷第 1 期（民 83 年 6 月），頁 102～105。

〔註 11〕同註 9。

〔註 12〕葉德輝，《郋園讀書志》卷五〈石林避暑錄話〉四卷條（臺北：明文書局，民 79 年），頁 543。

〔註 13〕同前註，卷五〈晏子春秋〉八卷條，頁 463。

〔註 14〕同註 12，頁 19。

〔註 15〕同註 12，頁 418。

女傳》；〔註 16〕其四，莫楚生送《明弘治庚戌秦酉巖鈔本乙卯避暑錄話二卷》。〔註 17〕透過抄錄得書者，《郋園山居文錄》有二處載及此事：其一，瞿啓甲爲葉影抄《影寫本石林詩話三卷》；〔註 18〕其二，葉氏曾託繆荃孫至「鐵琴銅劍樓」代抄《珞琭子賦二種》。〔註 19〕《郋園讀書志》提及借抄傳錄者有五處：其一，從莫楚生處借藏本補全《明江藩白賁衲重刻唐堯臣本墨子》所缺之十三、十四、十五三卷；〔註 20〕其二，從楚孫觀察處借抄《明萬曆壬辰大統曆一卷》；〔註 21〕其三，從江南圖書館影抄《大統曆法注十二卷》；〔註 22〕其四，從友人處借抄《歸愚詩文全集》葉氏所缺之十九、二十兩葉；〔註 23〕其五，從坊友楊來青閣借抄影寫《元至順四年刻本之修辭鑑衡二卷》。〔註 24〕

葉德輝的藏書內容，就類別而言，以經學、小學最具特色，以集部的總數最多；就版本而言，則以清刻本居首。葉德輝何以重視清版，在《郋園讀書志》卷一《儀禮圖六卷》條有云：

> 余喜國朝以來諸儒經義之書，于經解正續兩編外，多搜得單行原刻本及諸家全集，原書惟金榜禮箋及此書未得原刻，物色久之，前年始獲，禮箋原刻初印，今又獲此，可謂從心所欲矣；藏書家習尚，無不侈言宋元舊鈔，不知康雍乾嘉，累葉承平，民物豐阜，士大夫優游歲月，其著書甚勇，其刻書至精，不獨奴視朱明直可上追天水。〔註 25〕

康雍乾嘉四朝承平，士大夫優游文事，既勇於著述，又精於刊刻，校勘精善，可比宋元，因而葉德輝十分重視清人經學著作。清人經學著作之外，葉德輝又喜搜集乾嘉詩文集，其從子葉啓勳曾云：

> 有清乾嘉之際，人文號稱極盛，當時海宇晏安，士大夫尋盟壇坫，其詩文專集，超軼宋元。大興舒鐵雲孝廉位、錢塘陳雲伯大令文述，

〔註 16〕同註 12，頁 489。
〔註 17〕同註 12，頁 545。
〔註 18〕葉德輝，《郋園山居文錄》，《郋園先生全書》（長沙：中國古書刊印社，民 24 年），卷上頁 36。
〔註 19〕同註 18，卷下頁 18。
〔註 20〕同註 12，頁 519。
〔註 21〕同註 12，頁 662。
〔註 22〕同註 12，頁 663。
〔註 23〕同註 12，頁 1122。
〔註 24〕同註 12，頁 1703。
〔註 25〕同註 12，頁 122。

曾撰《詩文點將錄》一書，閲時既久，諸人專集，世鮮流傳，獨世父窮年搜訪，所缺不過十之一二，欲待其全彙輯爲《詩壇點將錄詩徵》，乃先將已得之集考諸人履貫事迹做爲小傳，復徵引諸家詩話，詳其出處交際，不獨昔人孤詣可免沈淪，而一朝詩派儒風，皆得有所考鏡。〔註26〕

葉德輝十分欣賞舒位《乾嘉詩壇點將錄》一書，有意繼起彙編《乾嘉詩壇點將錄詩徵》，因而十分留心清人之各類著述，另外他還希望他的藏書能「足備清史藝文志之史材」。〔註27〕

藏本中特別珍貴者，據葉德輝之描述相當之多，葉氏在〈山中十憶詩·憶藏書〉一詩之附註有云：

余藏書及四千餘部，逾十萬卷，重本別本數倍于四庫。宋本以北宋膠泥活字本韋蘇州集、金刻埤雅、宋刻南嶽總勝集、南宋刻陳玉父本玉台新詠爲冠。元刻以敖繼公儀禮集説、婺州本荀子、大德本繪圖列女傳、張伯顏本文選爲冠。明刻至多，有：涂禎刻九行本桓寬鹽鐵論，可證顧千里爲張敦仁重刻十行本目爲涂刻之誤。袁褧刻陸游本世説新語可證周氏欣紛閣、李氏惜陰軒，兩本重刻袁本臆改之誤。顧元慶刻四十家文房小説全部。乾嘉時，藏書家如：孫氏平津館、黄氏士禮居皆止零種。近日海内四大藏書家，若：楊氏海源閣、陸氏皕宋樓、瞿氏鐵琴銅劍樓、丁氏善本書室亦然。余有其全，又經明金孝章先生鑒定手書籤題，尤爲希世之秘。其他明刻善本未檢校者，不可枚舉。鈔本以元鈔明補曾慥類説，謝在杭春草齋鈔猗覺寮雜記、杭世駿自著訂僞類編稿本、戴雲詩經類考，或可補傳刻之缺略，或可考近本之異同。名人手鈔者，則有宋白玉蟾手書道德經、明楊愼手書自撰六書索隱、錢大昕手鈔黄丕烈校宋南宋館閣錄、厲鶚手抄辛稼軒詞、阮文達三家詩補遺稿。日本刻本則有：天文癸巳刻白文論語、皇侃論語義疏、山井鼎七經孟子考文、魏徵群書治要、上官國材本王肅注孔子家語、嘉禾仿宋刻唐孫思邈千金要方、文政仿宋刻元大德本千金翼方、安政刻影鈔本康賴醫心方、安政活字本

〔註26〕同註3。

〔註27〕葉啓倬、葉啓慕合著，〈觀古堂藏書目跋〉，葉德輝著，《觀古堂藏書目》（長沙：葉氏觀古堂，民4年），頁96。

太平御覽，皆朝夕撫玩，銘心鏤骨，一日不忘者，此外舊刻孤本名校集部更不詳舉矣。〔註28〕

葉德輝如數家珍的點出值得自豪之版本，今查考《觀古堂藏書目》及《郎園讀書志》之著錄，表列於後，期能一目瞭然：

宋本：

韋蘇州集十卷（北宋慶曆膠泥活字印本）
埤雅二十卷（北宋金刻本）
南嶽總勝集（宋隆興元年刻本）
玉臺新詠十卷（宋嘉定乙亥陳玉父刻本）

元刻：

儀禮集說十七卷（元刻本）
荀子二十卷（明婺州本）
繪圖列女傳八卷（元大德十一年精刻繪圖本）

明刻：

鹽鐵論十卷（明弘治十四年涂禎仿宋九行刻本）
世說新語六卷（明嘉靖乙未袁褧重刻宋本）
四十家文房小說十卷（明嘉靖中顧元慶校刻本）

鈔本：

類說五十卷（元抄配明抄本）
猗覺寮雜記二卷（謝在杭春草齋抄本）
訂譌類編六卷（漢陽葉名澧平安館精抄本）
戴震詩考四冊（精抄稿本）

名人手鈔：

道德寶章注一冊（宋白玉蟾手書眞蹟本）
六書索隱五卷（明楊愼手書眞蹟本）
南宋館閣錄十卷續錄十卷（錢大昕手鈔本黃丕烈以宋本校過）
辛稼軒詞八卷（厲鶚手鈔本）
三家詩稿二冊（阮元手稿本）

和刻本：

〔註28〕葉德輝，朱亭集，《郎園先生全書》（長沙：中國古書刊印社，民24年），頁7～8。

論語二卷（日本天文癸已刻本）

論語集解義疏十卷（日本寬延庚子服元喬刻本）

七經孟子考文補遺一百九十九卷（日本亨保十年刻本）

群書治要五十卷（日本天明七年原刻本）

孔子家語十卷（日本寬永十五年戊寅重刻刊宋上官國材宅本）

千金要方三十卷（日本嘉永元年仿宋刻本）

千金翼方三十卷（日本文政己丑元刻本）

康賴醫心方（日本安政刻影鈔本）

太平御覽一千卷（日本安政乙卯活字擺印重校宋本）

以上諸本以《韋蘇州集》最爲珍貴，葉德輝頗自得於有此藏書，以爲「非止北宋本第一，亦海內藏書第一也！」。〔註 29〕該書據葉氏之描述：「紙薄如繭而極堅韌，或澄心堂製造；墨色如漆視之有光，或李廷珪墨所印，皆未可知。」〔註 30〕然在此之前各藏書目錄均無此種宋本之記載，因而葉氏所藏之《韋蘇州集》是否即爲北宋本，近代學者大抵抱持存疑的態度。趙萬里認爲是明銅板活字本，張秀民也以爲是明活字本唐人集之一種。〔註 31〕杜邁之、張承宗在《葉德輝評傳》中曾云：

> 葉氏所藏善本，歷來爲學術界所重視，而北宋膠泥活字本《韋蘇州集》因原書迄今未有傳本，致使有人提出疑問，如：董康在清徐志定刊印泰山磁版《周易說略》題記中說：「湘中葉煥彬以所藏有宋膠泥版《韋蘇州集》自詡。後葉氏書鬻諸滬上，並未見到此書。」魏隱儒編著《中國古籍印刷史》之第十九章中也說：「這究竟是否宋時泥活字印本，也未可知。」故此書之眞贗，還有待于圖書工作者的進一步發現才能確定。〔註32〕

由上所述，《韋蘇州集》是否眞爲宋泥活字印本，的確有賴進一步的查驗與發現。《韋蘇州集》之外，值得一提的是《南嶽總勝集》；此本爲溧陽尚書端方所贈，常熟龐鴻書出資贊助葉德輝影槧刊行，葉以日本繭紙印十多部，其唯妙唯肖之程度，竟使精於版本的學者楊守敬紿以爲宋本，以番餅八十元之善

〔註29〕同註 12，頁 788。

〔註30〕同註 29。

〔註31〕李書華，《中國印刷術起源》（香港：新亞研究所，民 51 年），頁 190。

〔註32〕杜邁之、張承宗合著，《葉德輝評傳》（長沙：岳麓書社，西元 1986 年），頁 74。

價購之，此事令葉德輝甚爲得意，以爲「老孃倒綳，聞者無不開顏」。〔註 33〕

葉德輝對藏書的分類，採傳統四部分類方式，與《四庫全書總目》及張之洞《書目答問》大同小異，分四部四十六類，其中之二十八類又各析分成若干子目；不再區分子目之十八類，或從撰人時代敍次爲一類，或依從學術內涵及性質獨立爲一類；諸家書目有分類欠妥者，則加以考核校正。〔註 34〕其詳目如下：〔註 35〕

經部十三類：易、書、詩（毛詩、三家詩）、禮（周禮、儀禮、禮記、大戴禮記、總義、禮書）、樂（古今樂書）、春秋（左傳、公羊傳、穀梁傳、三傳經解、國語外傳、國策）、論語（論語、孟子、家語），孝經、爾雅、石經、經解（諸經古注、諸經注解、諸經記載目錄、文字、音義、四書注解）、小學（訓詁、字書、說文解字、韻書、雜書）、緯候。

史部十二類：正史（正史、音註抄補、年表元號）、編年（古史、通鑑、綱目、紀事本末）、注歷、霸史、雜史（別史、紀事、掌故、瑣記）、雜傳（別傳、列傳）、譜系（姓氏、年譜）、簿錄（目錄、題跋、考訂）、地理（總志、分志、水道、古蹟、山水、雜志、外紀）、政書（詔令、奏議、職官、法制、民政、典禮、兵制、刑法、考工）、金石（目錄、圖像、文字、都會郡縣志目、釋文、義例）、史評（史法、史事）。

子部十五類：儒家（論撰、理學、考據）、道家、法家、陰陽家、名家、墨家、縱橫家、雜家（論撰、紀述、鑒賞、類事）、農家（農桑、種植、畜牧、飲饌）、小說家（記載、述異）、兵書（權謀、形勢、陰陽、技巧）、數術（天文、曆算、算術、時日、星命、龜筮、雜占、形法）、方技（醫經、本草、經方、房中、神仙）、藝術（書畫、石刻、文房、雜藝）。

集部六類：楚辭、別集（魏晉六朝詩文集、唐人詩文集、宋人詩文集、金元人詩文集、明人詩文集、明遺民詩文集、國朝貳臣逆臣詩文集、國朝人詩文集、國朝小集）、總集（詩文統編、詩編、文編、唐人詩文、宋人詩文、元金遼詩文、明人詩文、國朝詩文、合刻詩文、都會郡縣詩文）、詩文評、詞（詞集、總集、詞選、詞話、詞韻）、曲（宮調、雜劇、韻目）。

---

〔註 33〕同註 12，頁 788。

〔註 34〕蔡芳定，〈葉德輝版本目錄學專著四種概述〉，《國立中央圖書館館刊》新二六卷第 2 期（民 82 年 12 月），頁 137。

〔註 35〕同註 9。

至於藏書的整理，葉德輝有一套完整的管理美學，在其著作《藏書十約》中有完整且全面的敍述，約簡成十大細目，分別是：購置、鑒別、裝潢、陳列、抄補、傳錄、校勘、題跋、收藏、印記。〔註 36〕完完全全的顧及到藏書管理之各種細節，如：圖書採購、選書依據、購書程序、版本鑒定、圖書收藏、圖書裝訂、圖書流通、圖書維護、圖書校勘等。〔註 37〕今述其重點如下：（一）購置：葉氏選書的順序依序是：經、史而後是叢書；經先十三經，史先二十四史，叢書則以種類多、校刊精者爲優先考慮。版本方面，經以明南監本、北監本、毛晉汲古閣本爲佳；史則以明南監二十一史武英殿本最出色；叢書方面，明弘治間華珵重印左圭百川學海、程榮漢魏叢書、毛晉津逮秘書、武英殿聚珍板叢書、鮑廷博知不足齋叢書、伍崇曜粵雅堂叢書等皆適合收藏。〔註 38〕（二）鑒別：鑒別當先通知目錄，適合參考的書目有：錢曾《讀書敏求記》、張金吾《愛日精廬藏書志》、黃丕烈《士禮居藏書題跋記》、楊紹和《楹書隅錄》、瞿鏞《鐵琴銅劍樓藏書目錄》、丁丙《善本書室藏書志》、陸心源《皕宋樓藏書志》《儀顧堂題跋續跋》、丁日昌《持靜齋書目》、森立之《經籍訪古志》、楊守敬《日本訪書志》《留眞譜》、孫星衍《祠堂書目》、倪模《江上雲林閣書目》、張之洞《書目答問》等。鑒別版本的方法，就刻本言，仿宋元舊刻必爲古雅之書：有清朝考據諸儒之序跋題詞，其書亦必精善；明刻仿宋元者爲上，重刻宋元者次之；書有評閱圈點者不可取（但閔、凌兩家之朱墨套印集部書例外）。就抄本言，紙料方面，元抄多薄繭，明抄多棉宣；抄工方面，元抄多古致，明抄多俗書。留意善本之要訣：是否經名人手名校？是否有名人收藏印記？〔註 39〕（三）裝潢：裝訂以堅緻整齊爲尙，裝訂之式以線裝之經濟耐用爲佳。蝴蝶裝及包背裝不宜（前者糊多生霉易引蟲傷，後者不夠堅韌亦不經濟）。書之包角，南方不宜，書匣宜用夾板，夾板以梓木楠木、花梨棗木爲佳，梓木易生粉蟲，殊不耐用。裝訂之後，隨時書邊，書名、撰人及刊刻時代，不可省字，以便日後檢尋。〔註 40〕（四）陳列：書籍陳列，按經、史、子、集、叢書之類別排序。基於管理及方便之考量，葉氏在排架及歸類

〔註 36〕葉德輝，《藏書十約》，《書目類編》第九十一冊（臺北：成文出版社，頁 67 年），頁 1～63。

〔註 37〕同註 34。

〔註 38〕同註 36，頁 43。

〔註 39〕同註 36，頁 45。

〔註 40〕同註 36，頁 46～47。

的實務偶採彈性處理，如總集，有以元明清朝人選集唐宋者，有以清朝人選錄三代秦漢魏晉者，仍以詩文時代爲衡，不論撰人之先後；其專詩專文，則各以類從。櫥架之處理，尺寸特別的書籍，以別櫥置之；叢書類少者，一部一櫥，多者一部二櫥、三櫥不等，櫥架之規格以便於隨時抽放爲原則。外來著作與釋藏之書別室儲之，不再繩以四部之例。〔註 41〕（五）抄補：書籍之維修，首覓善本抄錄補全，力求親自抄配，如不能，當覓能爲唐人碑誌體之傭書手代勞；傭書手不能，至少須求無破體俗字者爲之。抄補之後，詳加校對。〔註 42〕（六）傳錄：對於僅有抄本、不能常留、過目易忘、未存副錄的書籍，葉氏採「傳錄」的方式處理，所謂「傳錄」，即是請人照其原樣抄錄下來。傳錄之法，多請傭書者，以別舍處之。〔註 43〕（七）校勘：葉氏重視書籍的校勘工作，常用的方法有二，其一即「死校」，爲了保留古籍原貌，一點一畫，照錄而不改，雖有誤字，仍以原刻爲準。其二即「活校」，以群書所引改其誤字，補其闕文；又或錯舉他刻，擇善而從，別爲叢書，板歸一式。〔註 44〕（八）題跋：葉氏遇書經校過，及新得異本，必繫之以題跋。葉德輝之《郋園讀書志》便是其藏書題跋之匯編，其製作及著錄方式更是綜稽眾體，終成一家之言。（九）收藏：在硬體維護上，葉氏注意防火、防濕、防蟲、防霉。藏書樓之選擇以乾淨、寬敞、通風、採光度佳、安靜爲尚。至於還書借書，葉氏訂有五項原則必須遵守：一、書籍閱畢，隨時上架；二、無法資源共享之人，不輕易借鈔；三、非我同志著書之人不輕易借閱；三、書無副本，不得携出室外；四、遠客來觀僕從不能擅入藏書之室；五、藏書之室不招待賓客。〔註 45〕（十）印記：葉氏以爲處理印記的作法有二，其一曰去閒文，其二曰尋隙處。所謂去閒文，即藏書印記的文字以精簡明晰爲要，止鈐用姓名或二字別號三字齋名；所謂尋隙處，即將印記置於書眉卷尾，或視名印之大小，朱白間別用之。葉氏爲免閱者生厭，向不喜鈐印。〔註 46〕葉氏藏書印記向以簡要聞名，往往印有「德輝」、「南陽」、「麗廔」、「觀古堂鑒藏善本」、「郋園過目」、「葉德輝奐彬甫藏閱書」等。〔註 47〕

〔註 41〕同註 36，頁 48。
〔註 42〕同註 36，頁 49。
〔註 43〕同註 36，頁 50。
〔註 44〕同註 36，頁 50～51。
〔註 45〕同註 36，頁 52～53。
〔註 46〕同註 36，頁 54。
〔註 47〕王河，《中國歷代藏書家詞典》（上海：同濟大學出版社，西元 1988 年），頁 62。

對於藏書的利用，葉德輝除了與「有書可以互抄之友」及「眞同志著書之人」借瓻還瓻之外，〔註 48〕他還利用這些豐富的典藏，編撰藏書目錄及讀書志，俾世人即目以求，並且就藏書之中選取未經傳刻或罕見之本，一一予以刊行，以利文化之傳布。其弟子劉肇隅曾云：「辛亥國變，避亂邑之朱亭鄉中，以舊編觀古堂藏書目，重加理董，乙卯以活字排印二百部，一時海內外風行。」〔註 49〕時爲民國五年（西元 1916 年），葉德輝刊成「一生精力所注」之《觀古堂藏書目》四卷，供世人傳鈔或贈送同好，葉德輝以爲此目不儘可以補正張之洞《書目答問》之缺謬，亦足備清史藝文志之史材。〔註 50〕另外其從子葉啓勳又云：「辛壬癸甲間世父避亂邑之朱亭，曾手定觀古堂書目四卷，大兄尚農以活字印行，自後續有所得，及啓勳兄弟所收數百種，詳注舊目行間，正擬彙編重刊，逢亂中止稿存家中。世父平時每得一書，必綴一跋，啓勳兄弟所得，亦必呈請審定題尾，積年既久成十六卷，名曰郋園讀書志，較書目爲多且詳焉。」〔註 51〕在刊行《觀古堂藏書目》四卷之後，葉氏之藏書又續有所得，於是將其生平讀書題跋命子姪抄出編錄《郋園讀書志》十六卷，以活字排印數百部，其目的即在廣爲書籍之流傳。此二書，對於版本的鑒別考訂，用力甚深；對於古籍之流通，貢獻甚大。至於其刊行古籍近刻之細目，留待本章第三節再作詳論。

歷來藏弆者鮮克有終聚散無常，私人藏書往往毀於兵燹，毀於水火、毀於子孫不肖、毀於書禁之厄。〔註 52〕葉德輝亦不例外，但觀古堂藏書之散佚，非關水火書禁，乃因兵燹及子孫不肖所致。〔註 53〕民國十六年（西元 1927 年）四月間，共產黨在湖南引發農民運動，藉打倒土豪劣紳爲名，將葉德輝鬥爭致死。葉氏死後，其從子葉啓勳曾云：「丁卯春月世父被難，余倉皇出奔無暇計及典藏，亂定歸家則觀古堂之藏，散佚者十之三四。」〔註 54〕又云：「丁卯三月家遭變亂，典籍頗多散亡，此書亦被竊去，年來蹤跡遂不可復得矣！」〔註 55〕丁

〔註 48〕同註 45。
〔註 49〕劉肇隅，〈郋園讀書志序〉，葉德輝著，《郋園讀書志》（臺北：明文書局，民 79 年），頁 2～3。
〔註 50〕同註 27。
〔註 51〕同註 3。
〔註 52〕潘美月，《宋代藏書家考》（臺北：學海出版社，民 69 年），頁 142。
〔註 53〕同註 10。
〔註 54〕葉啓勳，《拾經樓紬書錄》，《書目叢編》（臺北：廣文書局，民 78 年），頁 205。
〔註 55〕同註 54，頁 151。

卯亂事之後，葉氏家人倉皇出走避難，觀古堂藏書十之三四散佚，主要原因是「被竊」，雖非直接亡於兵燹，却與之脫離不了干係。此外，造成葉氏藏書散佚的另一原因即爲子孫不肖，葉德輝遇害之後，其子之一沈迷賭博，竟將葉氏四十年心血所注之藏書押注而光。葉啓勳在《拾經樓紬書錄》舊唐書條有云：「此書出，郡故藏書索値頗昂。從兄某知其爲先人手澤，而又惜財物不欲致之，及歸余插架，又欲乾沒以去。余於從兄弟輩爲最小，遂不敢爭，亦不願爭也，卒爲所奪。未幾，從兄某豪撙蒲之戲盡散其藏書，余仍從估人手得之。」〔註56〕針對此事，葉啓勳有無限感慨，此「從兄某」乃葉德輝之不肖子孫，一場撙蒲之戲，居然將葉德輝心血收藏盡皆散光，葉氏地下有知，當不免痛心疾首。豪賭散盡之外，不肖子孫，仍有後續動作，葉啓勳又云：「而余家變故相乘，世父死丁卯春月之難，藏書散失幾盡，從兄則因家計，將所得斥賣罄盡。」〔註57〕困於家計變賣藏書，子孫如此，誠令人不勝唏噓。然藏書散佚必當更換書主，觀古堂藏書究竟流落何方？依近人研究，葉德輝矜誇天下第一的《韋蘇州集》爲周越然的「言言齋」所得，其餘收羅較多者則爲莫伯驥與葉啓勳。〔註58〕葉啓勳，字定侯，號更生居士，爲葉德輝三弟德炯之次子，生於清光緒二十六年（西元 1900 年）。啓勳幼承家學，性喜蓄書，十餘年之中，聚書十萬卷有奇，凡觀古堂所無者，輒以重値得之，觀古堂藏書散佚之後，啓勳本抱殘守缺之心爲啓先待後之計逐次購回，〔註59〕對此，傅增湘讃譽有加，以爲葉德輝有此子姪，一如明天一閣范欽之有范大澈，清愛日精廬張海鵬之有張金吾。〔註60〕那些書爲葉啓勳所得，《拾經樓紬書錄》並未著錄，爲莫伯驥收得的部分，則見於《五十萬卷樓藏書目錄初編》，今細列如下：〔註61〕

經

周易玩解十六卷（大字精寫本）

儀禮集說十七卷（元刊本季滄葦秦敦夫）

新刊詳補增注東萊先生左氏博議二十五卷（明正德六年劉氏安正堂本）

---

〔註56〕同註54，頁88。

〔註57〕同註54，頁345。

〔註58〕同註2。

〔註59〕同註54，頁160。

〔註60〕傅增湘，〈長沙葉氏紬書錄序〉，葉啓勳著，《拾經樓紬書錄》，《書目叢編》（臺北：廣文書局，民78年），頁1～5。

〔註61〕莫伯驥，《五十萬卷樓藏書目錄初編》，《書目叢編》（臺北：廣文書局，民78年），頁1～12。

史

漢書一百三十卷（明德藩最樂軒刻本）

李深之文集六卷（舊鈔本）

王氏脈經（明成化十年仿元泰定四年刊本）

南嶽總勝集三卷（宋隆興元年刻本）

子

居家必用事類全集十卷（明黑口本）

緯略十二卷（影寫明沈士龍刻本）

廣川書跋十卷（明文氏玉蘭堂鈔本）

事物紀原十卷（明正統十二年閻敬刊本）

集

陶靖節集何孟春注十卷（明正德癸未刻本）

孫職方集不分卷（明崇禎庚辰閔齊伋刻本）

劉拾遺集不分卷（明崇禎庚辰閔齊伋刻本）

桂苑筆耕集二十卷（明高麗活字印本）

箋注唐賢絕句三體詩法二十卷（明繙元版本）

元人十種詩集五十卷（毛刊本顧氏謏聞齋）

辛稼軒詞十二卷（清厲樊榭手寫本）

批點稼軒長短句十二卷（明嘉刊何子貞）

以上所列，儘是觀古堂藏書中較爲珍貴之版本，客觀分析，其數量當不止於此；至於散落其他書佔或名家之手者，則無從考證。〔註 62〕

綜上所述，一、葉氏藏書之主要來源主要有二：繼承家傳及葉氏本人搜求採訪。二、葉氏本人搜求採訪之方式有採購、交換、贈送與抄錄，其中以採購居多。三、葉氏的圖書分類採傳統方式，分四部四十六類。四、葉氏藏書管理有十大細目，分別是：購置、鑒別、裝潢、陳列、抄補、傳錄、校勘、題跋、收藏、印記。五、葉氏藏書之利用分別是：借瓻還瓻、編撰藏書目錄及讀書志、刊行古籍近刻。六、葉氏藏書散佚主要由於被竊及子孫不肖。七、散佚後的藏書，大半爲葉啓勳及莫伯驥所得。

〔註 62〕同註 10，頁 111。

## 第二節　著書

葉德輝利用其豐富之典藏不僅讀書，行有餘力則著書不倦；葉氏之著作伸向經學、文字學、文學及版本目錄學四大領域。經學方面，葉氏曾著《經學通詁》六卷，介紹經學流派、讀經方法及讀書經目。此書凡六卷，卷一介紹經學流派，分「西漢經學派」、「東漢經學派」、「南宋經學派」、「清經學北派」及「清經學南派」等六大單元，介紹各流派之發展與特質。卷二至卷五是讀經方法，葉氏提出「六證」、「四知」、「五通」、「十戒」等方法。所謂「六證」即「以經證經」、「以子證經」、「以漢人文賦證經」、「以說文解字證經」、「以漢碑證經」。所謂「四知」即「知源流」、「知存亡」、「知體制」、「知眞僞」。所謂「五通」即「通章句」、「通校讎」、「通小學」、「通大誼」、「通政事」。所謂「十戒」即「戒僭妄」、「戒武斷」、「戒杜撰」、「戒割判」、「戒空疏」、「戒破碎」、「戒穿鑿」、「戒傅會」、「戒攘竊」、「戒黨伐」。卷六，是「求書簡明目」，其中有《十三經注疏》、《通志堂經解》、《皇清經解》、《皇清經解續篇》、《四書朱子集注》等。〔註 63〕文字學方面的著作有：《釋人疏證》二卷、《六書古微》十卷、《說文讀若字考》八卷、《同聲假借字考》二卷、《說文籀文考證》二卷等，後四部書合稱《郋園小學四種》，其中尤以《說文讀若字考》一書最受好評，取《說文》所稱讀若某者數百條一一爲之疏通證明，至爲圓通該洽。葉德輝對《說文》所下的功夫甚深，因而其研究成果也相當豐碩，但因過分篤守《說文》的講法，不信金文，不信甲骨，難免劃地自限。〔註 64〕文學方面的著作甚多，較有名者如：《郋園詩文集》一卷、《郋園詩鈔》一卷、《郋園北遊文存》一卷、《郋園山居文錄》四卷等；其爲文詞采爛然、詞旨雅飭、合乎義法；其爲詩則情景交融、文字樸質。〔註 65〕版本目錄學者著作，較具代表性者有：《藏書十約》、《觀古堂藏書目》、《郋園讀書志》、《書林清話》、《書目答問斠補》、《校正書目答問序》等。

《書林清話》爲本書討論重心，其他各書稍加解析於下：

《藏書十約》作於宣統三年（西元 1911 年）。辛亥革命爆發之後，葉德輝避居山中，思及歷代亂事，圖籍蕩焉無存之現象，認爲保存文獻故物對表揚幽潛，有很大作用，「因舉歷年之見聞，證以閱歷之所得」撰述《藏書十約》

〔註 63〕葉德輝，《經學通詁》，《郋園先生全書》（長沙：中國古書刊印社，民 24 年），頁 1～78。

〔註 64〕同註 32，頁 119～121。

〔註 65〕劉聲木，《桐城文學淵源考》（臺北：明文書局，民 74 年），頁 510。

一書，「以代家書」好讓其「子孫守之」，詳詳實實討論圖書收藏之十大問題。分購置、鑒別、裝潢、陳列、抄補、傳錄、校勘、題跋、收藏、印記詳加闡述古籍管理之技術與方法，全書理論實務融合無間，值得今日圖書館引爲古籍整理之參考指南。〔註66〕

《觀古堂藏書目》刊於民國五年（西元1916年），是葉德輝的藏書目錄。葉氏從光緒二十七、八年（西元1901～1902年）即已著手編訂；辛亥革命期間，葉氏避居鄉間，將之予以重編，爾後續有收藏，陸續修正，終能付刊。葉德輝編印此一書目的動機在於「志一生精力之所注」、「縷述先世家學及生平所歷之境」，並對佞宋尚元之輩，提供版本資料、糾正鑒別偏差。全書凡四卷，卷一經部、卷二史部、卷三子部、卷四集部，共計著錄藏書五千一百四十八種、六千八百零三部、十一萬一千五百零一卷。葉德輝對此書目期許甚高，以爲「此目可以補正張文襄書目答問之缺誤，亦足備清史藝文志之史材。」〔註67〕分類之細目已見本章第一節，茲不贅敍。

《郋園讀書志》，葉氏遇害後由子姪及弟子劉肇隅於民國十七年（西元1928年）在上海刊印。此書爲葉德輝生平讀書所作題跋之匯集，葉氏藏書豐富，用功特深，平生讀書常於自己所讀之書的餘幅筆記數語，或論本書得失，或辨兩刻異同，不僅知作者意旨之所在，且能發前人未發之蘊奧。丙辰年間，葉氏爲免兵燹之後，藏書不保，促子姪將其平日收藏之題跋，依序抄出匯集編纂成書，子姪於民國五年（西元1916年）開始編撰，民國十五年（西元1926年）編定。全書十六卷，著錄圖書三百八十七種、四百四十三部、一萬三千一百八十五卷。分部依《觀古堂藏書目》之分類方式，採經、史、子、集順序排列。卷一、卷二經部；卷三、卷四史部；卷五、卷六子部；卷七至卷十六集部。體例沿襲晁公武《郡齋讀書志》、陳振孫《直齋書錄解題》，對各書著者背景、版刻時代、鈔校精粗、卷數多寡、本書得失、兩刻異同、藏書印記、先輩佚聞詳加著錄。全書對明刊近刻尤爲著力，後四卷甚且有專論乾嘉詩壇諸家詩集之作。《郋園讀書志》覆核嚴謹，徵引的目錄書至少有五十三種之多，引用次數超過二十次以上的有：《郡齋讀書志》、《直齋書錄解題》、《四庫全書總目》、《讀書敏求記》、《天祿琳瑯書目》、《孫氏祠堂書目》、《鐵琴銅劍樓書目》、《善本書室藏書志》等八種，其中以《四庫全書總目》

〔註66〕同註34，頁133～134。
〔註67〕同註27。

最多，凡百餘次；《直齋書錄解題》居次，計四十餘次。葉德輝引用各藏書目錄及藏書題記的目的，在於考證作者之生平及學術、書名異同、篇卷多寡、書籍存佚、書籍之眞僞及流傳，或訂補諸書目諸題記之謬誤。全書內容，包括版本、目錄、校勘學所涵蓋的主要項目，析分之，約有如下數端：（一）著錄作者姓名、籍貫、仕履及生平；（二）著錄編者、注者、序者之資料；（三）記載藏書家、校書者、刻書者、鈔書者之行事；（四）解說書名之名義與異同；（五）記載一書之篇目及內容；（六）稽考篇卷之異同及書籍之殘存；（七）引述前人書志參證或訂補其疏舛；（八）記述版式、字樣、行款、牌記及避諱；（九）記述一書之成書年代、著書原委或評其價值；（十）敘述學術流變；（十一）區別版本之異同評斷版本之優劣；（十二）敘述一書之版刻源流；（十三）記載藏書印記及授受源流；（十四）記載先輩佚聞及書林掌故；（十五）記載書估之作僞；（十六）記得書之經過；（十七）詳載校勘過程、方法並附校勘記。《郋園讀書志》之著錄方式由此可知異常完備，不只書名、卷數、著者、版本非常翔實，即連行款、邊欄、書口、字體、印紙、藏書印記、牌記、序跋等皆敍述周詳，對於古籍著錄、古籍編目而言，是不可或缺之參考工具書。〔註68〕

《書目答問斠補》原刊於民國二十一年（西元 1932 年）《江蘇省立蘇州圖書館館刊》第三號，由王佩諍據葉德輝手訂本過錄而成，據近人研究所稱，葉氏所作之《斠補》，大體可分爲兩方面：其一，補正刻書時間或刻書人姓名，其二，增列善本、鑒別版本之優劣或指出版式之異同。〔註69〕前者如：《野獲編》三十卷，明沈德符，明刻本。葉德輝指出此書乃康熙庚辰桐鄉錢枋借朱竹垞藏鈔本分類編次刻之，道光丁亥錢唐姚氏扶荔山房重刻，明時並無刻本。〔註70〕後者如：《天下郡國利病書》一百二十卷，清顧炎武，葉氏指出：嘉興十四年成都龍氏活字刻本不善，道光三年龍氏再校並《讀史方輿紀要》再刻之。〔註71〕

《校正書目答問序》原刊於民國二十三年六月（西元 1924 年）《國學論

〔註68〕蔡芳定，〈葉德輝郋園讀書志析探〉，《中國學術年刊》第 15 期（民 83 年 3 月），頁 287～310。

〔註69〕同註 32，頁 91～92。

〔註70〕葉德輝，《書目答問斠補》，《郋園先生全書》（長沙：中國古書刊印社，民 24 年），頁 16。

〔註71〕同註 70，頁 37。

衡》第三期。葉氏指出《書目答問》初刻本與後印本有下列之「異同」：一、有初刻本列入正錄，後印本低一格，移入附錄者。二、有初刻本列入附錄，後印本移入正錄者。三、有初刻本附入小注，後印本升入正錄者。四、有初刻本列入正錄，後印本附入小注者。五、有初刻本列入正附錄，後印本刪去者。六、有初刻本未錄，後印本補錄者。七、有初刻本入此類，後印本改隸別類者。〔註 72〕以上二書糾正張氏書之謬誤並補充其不足，對版本目錄學有相當貢獻，足供吾人參考。

葉氏之其他著述極多，今列表於後：〔註 73〕

### 一、已刊行者

光緒二十四年（西元 1898 年）

翼教叢編六卷（郎園書札、輶軒今語評、正界篇上下、長興學記駁義、讀西學書法書後、非幼學通議）

昆侖集一卷、續一卷、附一卷、釋文一卷

光緒二十七年（西元 1901 年）

古泉雜詠四卷

光緒二十八年（西元 1902 年）

釋人疏證二卷

光緒二十九年（西元 1903 年）

古今夏時表一卷、附易通卦驗節候校文

光緒三十年（西元 1904 年）

昆侖皕詠二卷

光緒三十一年（西元 1905 年）

覺迷要錄四卷

光緒三十三年（西元 1907 年）

消夏百一詩二卷

光緒三十四年（西元 1908 年）

曲中九友詩一卷

宣統三年（西元 1911 年）

---

〔註 72〕葉德輝，《校正書目答問序》，《郎園先生全書》（長沙：中國古書刊印社，民 24 年），頁 1～6。

〔註 73〕同註 32，頁 123～133。

　藏書十約一卷
　石林遺事三卷
民國一年（西元 1912 年）
　書空集一卷
民國三年（西元 1914 年）
　漢上集一卷
　于京集一卷
民國四年（西元 1915 年）
　經學通詁六卷
民國五年（西元 1916 年）
　觀古堂藏書目四卷
　六書古微十卷
民國六年（西元 1917 年）
　觀畫百詠四卷
民國九年（西元 1920 年）
　書林清話十卷
　還吳集四卷
民國十年（西元 1921 年）
　郎園北遊文存一卷
　北征集一卷
民國十一年（西元 1922 年）
　郎園山居文錄二卷
　浮湘集一卷
民國十二年（西元 1923 年）
　說文讀若字考八卷
　郎園六十自敍
　同聲假借字考二卷
民國十六年（西元 1927 年）
　郎園詩文集一卷
　郎園詩鈔一卷
民國十七年（西元 1928 年）

書林餘話二卷
郋園讀書志十六卷
民國十九年（西元 1930 年）
說文籀文考證二卷
觀古堂駢儷文一卷
郋園小學四種
民國二十年（西元 1931 年）
元私本考
民國二十一年（西元 1932 年）
書目答問斠補
民國二十三年（西元 1934 年）
校正書目答問序
民國二十四年（西元 1935 年）
觀古堂文外集二卷
觀古堂詩集九卷
郋園先生全書

## 二、未刊行者：

周禮鄭注改字考六卷
儀禮鄭注改字考十七卷
禮記鄭注改字考二十卷
大戴禮記疏證十三卷
春秋三傳地名異文考六卷
春秋三傳人名異文考六卷
孝經述義三卷
說文解字故訓三十卷
南史勘誤八十卷
北史勘誤一百卷
漢律疏證六卷
隋書經籍志考證未分卷
四庫全書總目板本考二十卷
古器釋銘二卷

星命眞原十卷
郋園書畫題跋記四卷寓目記三卷
明辨錄二卷
觀古堂文稿四冊未分卷
南陽碑傳集十卷
祖庭典錄六卷
述德集六卷

已刊行的書籍，葉氏子姪及其學生於民國二十四年（西元 1935 年），將之彙輯成《郋園全書》一百二十九種，二〇〇冊，以「中國古書刊印社」名義刊行，臺灣圖書館似僅中央研究院史語所傅斯年圖書館藏存。

## 第三節　刻書

葉德輝曾云：「欲求不朽者，莫如刊布古書一法。」〔註 74〕爲使古籍能廣爲流傳，葉氏往往就其藏書之中，選取未經傳刻或罕見之本刊行。近人對其刊刻書籍，持正面肯定之評價，謝國楨云：

> 葉氏精於目錄之學，能於正經正史之外，獨具別裁，旁取史料，開後人治學之門徑。德輝字煥彬，號郋園，長沙人，光緒壬辰進士，官吏部主事，旋假歸。於學無不通，著《觀古堂所著書》、《彙刻書目》等書，其子啓倬輯爲《郋園先生全書》。其《彙刻書目》收集書目實廣，如所刊《徵刻唐宋秘本書啓》可以知刊刻古籍之源流；校刊天文本單經《論語》，輯《孟子》劉熙注，極有羽翼正教而又刊《雙楳景闇叢書》不無爲世人所詬病云。〔註 75〕

葉氏刊刻古籍之作法，謝國楨氏認其有保存文獻羽翼學術之功，但對其刊刻《雙楳景闇叢書》則頗有微詞。根據統計，葉氏所著及校刻書凡十數百種，且多以行世。〔註 76〕其所刊刻之大部頭叢書，則有如下數種：（一）觀古堂彙刻書初二集十三種。初集是經學；二集是詩文集。（二）觀古堂所刊書十八種，

〔註 74〕葉德輝，《書林清話》（臺北：世界書局，民 77 年），頁 4。
〔註 75〕謝國楨，〈叢書刊刻源流考〉，王國良、王秋桂合編，《中國圖書文獻學論集》（臺北：明文書局，民 75 年），頁 553～591。
〔註 76〕許崇熙，〈郋園先生墓志銘〉，閔爾昌輯，《清朝碑傳全集》四（臺北：大化書局，民 73 年），頁 3784。

與前一書有九種重複。(三)麗廔叢書九種，以游藝圖書爲主，《南嶽總勝集》包括在內。(四)雙楳景闇叢書十六種，包括舒位的《乾嘉詩壇點將錄》。(五)觀古堂書目叢刻十五種，包括以前刊刻過的七種書目及新收入的八種。〔註 77〕民國十六年(西元 1927 年)，葉氏弟子劉肇隅編《郋園四部書敍錄》附《郋園刻板書提要》，杜邁之、張承宗在《葉德輝評傳》附錄中重新繫年〔註 78〕今列出葉氏重要刻書於後：

光緒十八年(西元 1892 年)

鬻子二卷

光緒十九年(西元 1893 年)

郭氏玄中記二卷　　(晉)郭璞撰

光緒二十一年(西元 1895 年)

郭璞爾雅圖贊一卷　　(清)嚴可均輯

郭璞山海經圖贊二卷　　(清)嚴可均輯

許愼淮南閒詁二卷

淮南萬華術二卷　　(漢)劉安纂

沈下賢集十二卷　　(唐)沈亞之撰

光緒二十三年(西元 1897 年)

甌鉢羅寶書畫過目考四卷　　李玉棻編輯

光緒二十四年(西元 1898 年)

三家詩補遺三卷　　(清)阮元撰

朱氏遺札一卷　　(清)朱一新撰

光緒二十五年(西元 1899 年)

唐女郎魚玄機詩一卷、附名人題跋一卷

漢律疏證六卷　　杜貴墀撰

光緒二十六年(西元 1900 年)

山公啓事一卷　　山公佚事一卷

典禮質疑六卷　　杜貴墀撰

桐華閣詞鈔二卷　　杜貴墀撰

光緒二十七年(西元 1901 年)

〔註 77〕同註 2，頁 41～42。

〔註 78〕同註 32，頁 123～133。

孫柔之瑞應圖記一卷
光緒二十八年（西元 1902 年）
觀古堂書目叢刻
觀古堂匯刻書
觀古堂所著書
天文本單經論語校勘記一卷
孟子劉熙注一卷
傅子三卷、訂誤一卷
晉司隸校尉傅玄集三卷
明南雍經籍考二卷　　（明）梅鷟撰
絳雲樓書目補遺一卷　　（清）錢謙益撰
靜惕堂宋元人集書目一卷　　（清）曹溶撰
說文段注校三種：
說文段注札記一卷　　（清）龔自珍撰
說文段注札記一卷　　（清）徐松撰
說文段注抄按一卷補一卷　　（清）桂馥撰
光緒二十九年（西元 1903 年）
洞玄子一卷
宋紹興秘書省續編到四庫闕書目二卷
華陽陶隱居內傳三卷　　（宋）賈嵩撰
華陽陶隱居集二卷　　（梁）陶弘景撰
萬卷堂書目四卷　　（明）朱睦㮮撰
金陵百詠一卷　　（宋）曾極撰
嘉禾百詠一卷　　（宋）張堯同撰
曝書亭刪餘詞一卷、附原稿目錄一卷、校勘記一卷　（清）朱彝尊撰
讀書法匯一卷　　杜貴墀撰
光緒三十年（西元 1904 年）
蔡邕月令章句四卷
竹崦庵傳鈔書目一卷　　（清）趙魏撰
青樓集一卷　　雪蓑漁隱記
岩下放言三卷　　（宋）葉夢得撰

光緒三十一年（西元 1905 年）

辛丑消夏記五卷　（清）吳榮光撰

疑雨集四卷　（明）王彥泓撰

桐華閣文集十二卷　杜貴墀撰

佛說四十二章經注一卷　宋眞宗御注

光緒三十二年（西元 1906 年）

古今書刻二卷　（明）周弘祖撰

影宋刊南岳總勝集三卷　（宋）陳田夫撰

七國象棋局一卷　（宋）司馬光撰

投壺新格一卷　（宋）司馬光撰

打馬圖經一卷　（宋）李易安撰

除紅譜一卷　（宋）朱河撰

光緒三十三年（西元 1907 年）

雙楳景暗叢書

麗廔叢書

木皮散人鼓詞一卷　賈鳧西著（附歸莊萬古愁曲一卷）

乾嘉詩壇點將錄一卷

佛說十八泥犁經一卷　（魏）安世高譯

佛說鬼問目蓮經一卷　（魏）安世高譯

餓鬼報應經一卷　附東晉錄

佛說雜藏經一卷　（晉）法顯譯

石林燕語十卷、附校一卷　（宋）葉夢得撰、宇文紹奕考異

光緒三十四年（西元 1908 年）

素女方一卷

元朝秘史十卷、續二卷

爾雅補注四卷　（清）周春撰

宋忠定趙周王別錄八卷

徵刻唐宋人秘本書目一卷、附考證二卷　（清）黃虞稷、周在浚編

板橋雜記三卷　余子曼著

吳門畫舫錄一卷　西溪山人編

檜門觀劇絕句三卷　金檜門撰

石林燕語辨一卷　　（宋）汪應辰編
石林詩話三卷　　（宋）葉夢得撰
宣統元年（西元 1909 年）
繪圖三教搜神大全七卷
玉澗雜書一卷　　（宋）葉夢得撰
禮記解四卷　　（宋）葉夢得撰
避暑錄話二卷　　（宋）葉夢得撰
老子解二卷　　（宋）葉夢得撰
宣統二年（西元 1910 年）
宋趙忠定奏議四卷
宣統三年（西元 1911 年）
潛采堂宋元書目一卷　　（清）朱彝尊撰
唐開元小說六種
重刊次柳氏舊聞　　（唐）李德裕編
梅妃傳一卷
楊太眞外傳二卷
李林甫外傳一卷
高力士外傳一卷　　（唐）郭湜撰
安祿山事迹三卷　　（唐）姚汝能纂
燕蘭小譜五卷、附海鷗小譜一卷
石林詞一卷　　（宋）葉夢得撰
石林家訓一卷　　（宋）葉夢得撰
石林治生家訓要略一卷　　（宋）葉夢得撰
建康集八卷（宋）葉夢得撰
嚴東有詩集十卷　　嚴長明著
民國三年（西元 1914 年）
天地陰陽交歡大樂賦一卷　　（唐）白行簡撰
民國四年（西元 1915 年）
通曆十二卷　　（唐）馬總撰（宋）孫光憲續撰
石川書志二十卷　　（明）高儒撰
汪文摘謬一卷　　（清）葉燮撰

民國五年（西元 1916 年）

午夢堂全集　（明）葉紹袁輯

民國六年（西元 1917 年）

疏香閣遺錄四卷

己畦文集二十二卷　（清）葉燮撰

己畦詩集十卷　（清）葉燮撰

己畦殘餘詩稿一卷　（清）葉燮撰

己畦原詩四卷　（清）葉燮撰

民國七年（西元 1918 年）

修辭鑒衡四卷　（元）王構撰

求古居宋本書目八卷　（清）黃丕烈撰

分乾詩鈔四卷　（清）葉舒穎撰

民國八年（西元 1919 年）

佳趣堂書目不分卷　（清）陸漻撰

學山詩稿　（清）葉舒穎撰

民國九年（西元 1920 年）

別本結一廬書目不分卷　（清）朱學勤撰

民國十年（西元 1921 年）

孝慈堂書目一卷　（清）王聞遠撰

葉氏刻書多以「觀古堂刊」或「長沙葉氏刊」署名，唯「通曆」署「葉氏夢綠廔排印」字樣，據分析，「夢」爲宋葉夢得，「綠」爲明綠竹堂主人葉盛，「廔」爲葉氏本人，葉德輝承先啓後一脈相傳之志至爲明顯。〔註 79〕

〔註 79〕同註 32，頁 108～109。

# 第四章　《書林清話》之編撰

## 第一節　編撰動機

《書林清話》是中國講述版本知識的第一部專門著作、第一部有系統的書史，是近、現代的版本學研究領域中，影響最爲深遠的論著，是葉德輝多年心血的結晶，是葉氏生平學問累積之綜合呈現。〔註1〕葉德輝爲何要編撰此一著作？〈書林清話敍〉一文，對此有相當詳實的敍述，葉氏云：

> 往者宗人鞠裳編修昌熾撰藏書紀事詩七卷，于古今藏書家，上至天潢，下至方外、坊估、淮妓，搜其遺聞佚事，詳註詩中；發潛德之幽光，爲先賢所未有。即使諸藏書家目錄有時散逸，而姓名不至滅如，甚盛德事也。顧其書限於本例，不及刻書源流與夫校勘家典故，是固覽者所亟欲補其缺略者。吾家累代楹書，足資取證；而生平購求之所獲、耳目之所接，既撰藏書十約，挈其大綱，其有未詳者，隨筆書之，積久成帙，逾十二萬言，編爲十卷。引用諸家目錄題跋，必皆注明原書；而於吾所私藏，非諸家所闕，概不闌入。蓋一人獨賞之物，不如千人共見之物之足徵信，非秘藏亦非稗販，固不欲貽人口實焉耳。二十年前，撰四庫全書版本考一書，已成經史子三部而集久未定，以四庫著錄之詩文集，但次時代，不別條流，且有應收未收、不應收而收，及禁燬銷燬之功令，濫登不可，割愛不能，

〔註 1〕蔡芳定，〈葉德輝版本目錄學專著四種概述〉，《國立中央圖書館館刊》新二十六卷第2期（民82年12月），頁138～139。

> 一擲雲霄，幾將覆剖。然宋元明刻，約具此編。國朝彙刻仿雕，則有南皮張文襄書目答問、福山王文敏懿榮補編彙刻書目二書，十得七八，可備參考。吾書雖廢于半途，藏書家固不患無考證也。嗟乎，五十無聞，河清難俟，書種文種，存此萌芽，當今天翻地覆之時，實有秦火胡灰之厄，語同夢囈，痴類書魔，賢者閔其癖好而糾其謬誤，不亦可乎！〔註2〕

由上所述，我們得知《書林清話》編撰的最大動機，在於補充葉昌熾《藏書紀事詩》之不足。《藏書紀事詩》之作者葉昌熾，清末民初人，是校讎家也是藏書家；葉昌熾將北宋至清末一千一百多位藏書家之生平、室名、別號、藏印逐一敍述，首冠以詩句，歌詠其藏書特點，後附書賈八者，以紀販書者。〔註 3〕葉昌熾將藏書家之特點一一敍出，頗能示學者以讀書津逮，達到「發潛德之幽光，爲先賢所未有，即使諸藏書目錄有時散逸，而姓名不至滅如」保存文獻之「甚盛德事」。但因受制於文學形式，因而對刻書源流未作歷史性的處理，對校勘家掌故也同樣缺乏系統性的敘述，對於學術研究而言，只是提供資料，未能構成一部書史。〔註 4〕有鑑於此，葉德輝遂利用其豐富的典藏與生平之所得撰下《藏書十約》以補其缺略，然《藏書十約》猶不足以表達葉氏全部之理念，於是以《藏書十約》爲基礎「挈其大綱，其有未詳者，隨筆書之，積久成帙」。這之中除了一補葉昌熾《藏書紀事詩》內容之不足外，作者歷史的使命感亦滲雜其中，葉氏在辛亥革命前後，企圖以「書種文種」來對付時局「天翻地覆」的用心昭然可見。另外〈書林清話跋〉對於編撰動機，則有更具體的敘述，葉啓崟云：「是書之作，蓋因宗人鞠裳講學撰藏書紀事詩，唯採歷來藏書家遺聞佚事，而於鏤版緣起，與夫宋元以來官私坊三者異同，莫得而詳……」〔註 5〕葉啓崟補充說明葉昌熾內容及編撰的不足之處，在於資料的取材上不夠全面，有避重就輕之弊，僅顧及藏書家之遺聞佚事，而對雕版沿革及發展却付之闕如，因而葉德輝之所以撰述《書林清話》即是要重新面對一神聖莊嚴的名山事業。

---

〔註 2〕葉德輝，〈書林清話敍〉，葉德輝，《書林清話》（臺北：世界書局，民 77 年），頁 1～2。

〔註 3〕魏隱儒編，《古籍版本鑒定叢談》（太原：山西省圖書館，西元 1978 年），頁 126。

〔註 4〕杜邁之、張承合著，《葉德輝評傳》（長沙：岳麓書社，西元 1986 年），頁 79。

〔註 5〕葉啓崟，〈書林清話跋〉，葉德輝，《書林清話》（臺北：世界書局，民 77 年），頁 293～294。

綜上所述，葉德輝編撰《書林清話》的動機有二：其一爲補充葉昌熾《藏書紀事詩》內容之不足；其二則爲歷史使命感之以「書種文種」來對付「天翻地覆」的時局。

## 第二節　成書經過及編撰體例

探討《書林清話》成書經過，葉德輝資料搜集的過程必不可忽略。第三章第一節「藏書」中，曾已提及葉氏豐富的典藏，來自繼承家傳及其本人的搜求採訪；而其本人的搜求採訪中，有四次的大規模收藏，爲他編著《書林清話》奠下紮實的基礎。祖先爲他留下的書籍計有：崑山顧氏、元和惠氏、惠定錢氏諸遺書；毛晉汲古閣所刊經史殘冊、唐宋人詩文集；葉盛、葉樹廉之舊藏，及無錫宗人天來先生收藏之葉夢得家訓說部等書。他本人四次重要的採購，分別是：第一次，光緒十一年（西元 1885 年），在北京廠肆，得有《皇清經解》中之專本及單行之本，也有初印的佳本。第二次，光緒十二、三年（西元 1886～1887 年）之間，在湖南長沙，收到一大批袁芳瑛臥雪廬的藏書殘本，其中有宋元舊槧，折閱取得，多蘭陵孫氏祠堂的舊藏。第三次，光緒十五年（西元 1889 年）至光緒十六年（西元 1890 年），葉德輝再至都門，適巧商邱宋氏韋蕭草堂及曲阜孔氏紅櫚書屋兩家收藏散在廠甸，葉氏「擇其目所缺載，及刻有異同者」購之，得二十箱梱載回湘，其中較著名的有：明活字太平御覽、明萬曆甲辰重刻太平御覽、前後七子詩文及集部康雍諸老所藏校的諸書等。第四次，光緒十八年（西元 1892 年），葉德輝中進士後乞假田居，十餘年之中，得善化張姓家的書籍數櫥，其中有：王士禎池北書庫、諸城劉文清、歷城馬國翰玉函山房的故物。祖先遺留的書籍，葉德輝朝夕諷誦，「略窺著作門庭」；大規模收藏，爲他編撰《書林清話》提供更可靠更完備之資料。〔註 6〕至於編撰過程、體例，〈書林清話跋〉有更詳細的說明，葉啓崟云：

> 是書之作，蓋因宗人鞠裳講學撰藏書紀事詩，而唯採掇歷來藏書家遺聞佚事，而於鏤版緣始，與夫宋元以來官私坊刻三者異同，莫得而詳。於是檢討諸家藏書目錄題跋，筆而錄之。於刻本之得失、鈔本之異同，撮其要領，補其闕遺，推而及于宋元明官刻書前牒文校

〔註 6〕葉德輝，〈觀古堂藏書目序〉，葉德輝，《觀古堂藏書目》（長沙：葉氏觀古堂，民 4 年），頁 1～3。

> 勘諸人姓名。版刻名稱，或一版而轉鬻數人，雖于坊估之微，如有涉于掌故者，援引舊記，按語益以加詳。凡自來藏書家所未措意者，靡不博考周稽，條分縷晰。此在東漢劉班、南宋晁陳之外，別自開一蹊徑也。書成于宣統辛亥，中更兵燹，剞劂之工，刻而復停，今幸全書告成，歷年更多所補益，是固考板本話遺聞者所當爭覩矣。啓崟不敏，得受學伯父，粗識簿錄之學，因據稿本，取校原引各書，漏載者補之，重衍者乙之，凡五閱月而畢業，寄蘇呈伯父鑒定，付手足改正，深恐挂漏猶多，復率從弟康侯、定侯等助余檢校，又補正數十字，而後斯役也庶可副作父撰述之深意云。〔註7〕

此段文字具體而微的介紹編撰原委。在編撰過程中，葉德輝對資料的處理至為嚴謹，深化與廣化兩相兼顧：「於刻本之得失，鈔本之異同，撮其要領，補其闕遺，推而及于宋元明官刻書前牒文校勘諸人姓名」；「凡自來藏書家所未措意，靡不博考周稽，條分縷析」。全書成於清末，幾經修改，終於民國九年（西元1920年）刊行。編撰過程中，葉德輝諸子姪，如：葉啓崟，擔任主要校勘工作：「因據稿本，取校原引各書，漏載者補之，重衍者乙之」，葉啓勳、葉啓發亦協助檢校補正，因而內容十分詳備。葉啓崟以為此書是考板本話遺聞者所當參考之工具書，是劉向《別錄》、劉歆《七略》、班固《漢書・藝文志》、晁公武《郡齋讀書志》、陳振孫《直齋書錄解題》之外，別開蹊徑之作。至於繆荃孫對此也有相同看法，繆氏云：

> 煥彬於書籍鏤刻源流尤能貫串，上溯李唐，下迄今茲，旁求海外舊刻，精鈔藏家名印，何本最先，何本最備，如探諸喉，如指諸掌。此書林清話一編，仿君家鞠裳之語石編，比俞理初之米鹽薄，所以紹往哲之書，開後學之派別，均在此矣。〔註8〕

繆荃孫在此指出《書林清話》的體例為；「仿君家鞠裳之語石編，比俞理初之米鹽簿」。《語石編》，葉昌熾著，是有關石刻研究的一部專著；《米鹽簿》，本名《米鹽錄》，清代學者俞正燮所作，正燮字理初，三書皆採筆記體撰寫，因而《書林清話》也是以此方式行文。繆氏對葉之評價，雖有過譽之嫌，〔註9〕却也反映葉氏撰著之用心。

---

〔註7〕同註5。

〔註8〕繆荃孫，〈書林清話序〉，葉德輝，《書林清話》（臺北：文史哲，民77年），頁1～3。

〔註9〕同註4，頁88。

綜上所述得知，葉德輝《書林清話》之編撰過程及順序，其一爲搜集資料；其二爲葉氏之撰述；其三爲葉氏諸子姪之校勘補正。其體例爲筆記體形式，一如葉昌熾之《語石編》、俞正燮之《米鹽簿》，全書十二萬言，編爲十卷，於民國九年（西元 1920 年）刊行。

《書林清話》之後，葉氏收宋、元、明、清諸說部、筆記涉於刻書之事者續作《書林餘話》二卷，可爲《書林清話》之補編或後錄。

## 第三節 引用諸家書目題跋版本考

葉德輝《書林清話》引用諸家目錄必皆注明原書，今依其出現順序，參稽《觀古堂藏書目》〔註 10〕、《郋園讀書志》〔註 11〕、《書林清話》卷一〈古今藏書家紀版本〉一節小注〔註 12〕之版本記載，並參考葉啓勳〈四庫全書目錄板考本〉一文〔註 13〕考證如下：

| 晁公武郡齋讀書志 | 袁州本四卷、後志二卷、宋趙希弁考異一卷、附志一卷、一康熙壬寅海昌陳氏刻本、一道光十年裔孫貽端刻本、又衢州本二十卷、嘉慶己卯汪士鐘刻本、省稱袁本晁志衢本晁志 |
|---|---|
| 陳振孫直齋書錄解題 | 二十二卷、一武英殿聚珍版本、一浙江重刻武英殿聚珍版袖珍本、省稱陳錄 |
| 劉向別錄 | 一卷、洪頤煊輯、嘉慶九年孫馮冀刻經典集林本 |
| 漢書藝文志 | 一卷、顏師古注、乾隆四年武英殿刻本、省稱漢志 |
| 瞿鏞鐵琴銅劍樓書目 | 二十四卷、光緒三十二年鏞孫啓甲刻本、省稱瞿目 |
| 陸心源皕宋樓藏書志 | 一百二十卷、光緒壬午家刻本、省稱陸志 |
| 陸心源皕宋樓藏書志續志 | 四卷、光緒壬辰刻本、省稱陸續志 |
| 陸心源儀顧堂題跋 | 十六卷、光緒庚寅家刻本、省稱陸跋 |
| 陸心源儀顧堂題跋續跋 | 十六卷、光緒壬辰刻本、省稱陸續跋 |
| 隋書經籍志 | 四卷、武英殿本、省稱隋志 |

〔註 10〕葉德輝，《觀古堂藏書目》（長沙：葉氏觀古堂，民 4 年），頁 45～51。
〔註 11〕葉德輝，《郋園讀書志》（臺北：明文書局，民 79 年），頁 360～361。
〔註 12〕葉德輝，《書林清話》（臺北：世界書局，民 77 年），頁 4～9。
〔註 13〕葉啓勳，〈四庫全書目錄板本考〉，《圖書館學季刊》第七卷第 1 期（民 23 年 9 月），頁 59～65。

| 舊唐書經籍志 | 四卷、武英殿本、省稱舊唐志 |
|---|---|
| 森立之經籍訪古志 | 六卷、光緒乙酉活字印本、省稱森志 |
| 森立之經籍訪古志補遺 | 一卷、光緒乙酉活字印本、省稱森志補遺 |
| 日本島田翰古文舊書考 | 四卷、光緒甲辰活字排印本、省稱島田考 |
| 于敏中等欽定天祿琳琅書目 | 十卷、光緒甲申長沙王先謙刻本、省稱天祿目 |
| 彭元瑞等欽定天祿琳琅書目後編 | 二十卷、光緒甲申長沙王先謙合刻前後編、省稱天祿後編 |
| 張金吾愛日精廬藏書志 | 三十六卷、一道光丁亥家刻本、一光緒丁亥吳縣徐氏活字排印本、省稱張志 |
| 張金吾愛日精廬藏書志續志 | 四卷、一道光丁亥家刻本、一光緒丁亥吳縣徐氏活字排印本、省稱張續志 |
| 丁丙善本書室藏書志 | 四十卷、光緒辛丑家刻本、省稱丁志 |
| 楊紹和楹書隅錄 | 五卷、光緒甲午家刻本、省稱楊錄 |
| 錢大昕竹汀日記鈔 | 三卷、一何氏夢華館編列本、一章氏式訓堂叢書本、省稱錢日記抄 |
| 繆荃孫藝風堂藏書記 | 八卷、光緒辛丑家刻本、省稱繆記 |
| 繆荃孫藝風堂藏書記續記 | 八卷、光緒辛丑家刻本、省稱繆續記 |
| 繆荃孫編京師學部圖書館書目 | 四卷、光緒癸丑鄧氏活字印本、省稱學部館目 |
| 楊守敬日本訪書志 | 十六卷、光緒丁酉家刻本、省稱楊志 |
| 楊守敬留眞譜 | 十二冊、光緒辛丑模印本、省稱楊譜 |
| 孫星衍平津館鑒藏書籍記 | 三卷、道光庚子獨抱樓刊本、省稱孫記 |
| 孫星衍平津館鑒藏書籍記補遺 | 一卷、道光庚子獨抱樓刊本、省稱孫記補遺 |
| 黃丕烈士禮居藏書題跋記 | 六卷、光緒十年潘祖蔭刻本、省稱黃記 |
| 黃丕烈士禮居藏書題跋記續跋 | 二卷、光緒二十一年江標刻本、省稱黃記續記 |
| 黃丕烈士禮居藏書題跋記再續 | 二卷、袖珍活字本、省稱黃記再續 |
| 黃丕烈百宋一廛書錄 | 一卷、適園叢書刻本、省稱黃書錄 |
| 錢泰吉曝書雜記 | 三卷、同治戊辰莫友芝刻本、省稱曝書記 |
| 陳宗彝編廉石居藏書記 | 二卷、光緒甲申章氏式訓堂叢書刻本、省稱陳編孫記 |
| 莫友芝宋元舊本書經眼錄 | 三卷、同治癸酉莫繩孫刊本、省稱莫錄 |
| 四庫全書提要浙江採集遺書總錄 | 十卷、乾隆三十九年浙江布政使王亶編刻本、省稱浙錄 |
| 顧廣圻注黃丕烈百宋一廛賦 | 一卷、一嘉慶乙丑丕烈手書士禮居叢書本、一光緒三年吳縣潘氏重刻本 |

| 楊紹和楹書隅錄續編 | 四卷、光緒甲午原刊本、省稱楊續錄 |
|---|---|
| 四庫全書總目提要 | 二百卷、一武英殿刻大字本、一乾隆六十年謝啓昆校刻本、省稱四庫書目提要 |
| 阮元揅經室外集 | 五卷、道光癸未阮氏文選樓叢書本、省稱阮外集 |
| 顧湘汲古閣版刻存亡考 | 一卷、道光辛丑顧湘小石山房叢書本、省稱汲古板本考 |
| 彭元瑞知聖道齋讀書跋尾 | 二卷、一家刻恩餘堂經進稿附刻本、一式訓堂叢書本、省稱彭跋 |
| 陳鱣簡莊隨筆 | 一卷、鈔本、省稱陳筆 |
| 陳鱣經籍跋文 | 一卷、一道光丁酉涉聞梓舊本、一光緒庚辰式訓堂叢書本、省稱陳跋 |
| 豐道生華夏眞賞齋賦 | 一卷、繆氏雲自在龕刻本、省稱華賦 |
| 毛扆汲古閣珍藏祕本書目 | 一卷、黃丕烈士禮居叢書刻本、省稱毛目 |
| 顧廣圻思適齋文集 | 十八卷、道光己酉徐渭仁春暉堂叢書刻本、省稱顧集 |
| 朱學勤結一廬書目 | 四卷、光緒壬寅觀古堂刊本、省稱朱目 |
| 陸心源儀顧堂集 | 十六卷、同治甲戌刻本、省稱陸集 |
| 范氏天一閣書目 | 十卷、嘉慶中阮元編文選樓刻本、又六卷、光緒乙酉薛福成編刻本、省稱范目 |
| 邵懿辰批注四庫全書簡明目 | 二十卷、宣統辛亥邵章刊本二十卷、省稱邵注目 |
| 丁日昌持靜齋書目 | 四卷、家刻本無年月、省稱丁目 |
| 吳壽暘拜經樓藏書題跋記 | 五卷、一道光己亥涉聞梓舊本、一光緒庚辰式訓堂叢書本、省稱吳記 |
| 朱緒曾開有益齋讀書志 | 六卷、光緒庚辰子崇嶧刻本、省稱朱志 |
| 陳樹杓帶經堂書目 | 五卷、近鄧氏風雨樓活字印本、省稱陳本 |
| 袁芳瑛臥雪廬藏書簿 | 四卷、家藏底本、省稱袁簿 |
| 王士禎居易錄 | 三十四卷、康熙辛巳刻全集本 |
| 盧文弨抱經堂集 | 三十四卷、乾隆乙卯刻本 |
| 孫從添藏書記要 | 一卷、一述古叢刻本、一光緒丙申雲在龕叢書本、一光緒癸未潘祖蔭重刻士禮居本 |
| 錢曾讀書敏求記 | 四卷、一乾隆乙丑沈尙傑刻本、道光乙酉阮福刻彙入文選樓叢書本、一道光丁未海山仙館叢書本 |
| 朱彝尊曝書亭集 | 八十卷、庚辰五十三年家刻本 |
| 蔣光煦東湖叢記 | 六卷、咸豐元年別下齋刻本、光緒九年繆氏雲在龕重刻本、省稱蔣記 |

# 第五章　《書林清話》內容述評（上）

## 第一節　考書冊制度

《書林清話》一開始，在〈總論刻書之益〉、〈古今藏書家紀版本〉二節之後便對書冊制度，有一番概要的考述，如：書何以稱冊，葉氏云：

> 古書止有竹簡，曰汗簡、曰殺青、汗者，去其竹汁；殺青者，去其青皮。漢劉向別錄云：殺青者，直治竹作簡書之耳。新竹有汗，善朽蠹，凡作簡者，皆於火上炙乾之，陳楚間謂之汗，汗者，去其汁也。而其用有二：一爲刀刻，說文解字云：八體之刻符是也。一爲漆書，後漢書杜林傳：於西州得漆書古文尚書一卷。晉書束晳傳：太康二年，汲郡人發塚，得竹書數十車，皆簡編，科斗文字雜寫經史。又云：時人於嵩山下得竹簡一枝，上兩行科斗書是也。大抵秦漢公牘文，多是刀刻，故史記稱蕭何爲秦之刀竹筆吏，漆寫多中秘書，故漢時經師，有賄蘭台令史改漆書經文之事，刀刻不能改，漆書則易改，此二者所以有分別，然因此推見，周秦以前，竹書之用甚廣，說文解字篆籀等字，即其明證，如篆曰引書、籀曰讀書、籍曰簿書、籖曰識書，皆從竹而各諧聲。漢志稱書曰多少篇，篇亦从竹，說文，篇，書也，一曰關西謂榜曰篇，而冊部，扁，署也，从户冊者，署門户之文也，榜篇之篇，即扁之通借字，凡類於書者，皆可以从竹之字例之。漢志又云：劉向以中古文校歐陽大小夏侯三家經文，酒誥脱簡一，召誥脱簡二。率簡二十五字者，脱亦二十五字，簡二十二字者，脱亦二十二字。〔註1〕

〔註1〕葉德輝，《書林清話》（台北：世界書局，民77年），頁9～10。

竹簡木牘是中國書寫材料最早的一種，周秦以前一直是最爲普遍的傳播工具。竹簡的製作，依葉氏的說法以爲必得經過「汗簡」、「殺青」的處理。葉氏沿襲劉向《別錄》的說法，以爲「汗簡」即「殺青」，然近人則持不同看法，以爲二者乃不同之修治手續。余嘉錫〈書冊制度補考〉一文；〔註 2〕屈萬里、昌彼得之《圖書板本學要略》一書，〔註 3〕對此皆有詳細考辨。他們以爲所謂「殺青」，乃是刮削竹面青皮；「汗簡」，即是將未乾的竹簡，置於火上以炙去其水分。用竹簡繕寫之書籍何以稱冊？葉氏云：

> 春秋左傳杜預序疏引鄭氏論語序鉤命決云：春秋二尺四寸書之、孝經一尺二寸書之。儀禮聘禮疏引鄭氏論語序云：易、詩、書、春秋、禮、樂冊皆尺二寸，孝經謙半之，論語八寸策者三分居一，又謙焉，是班鄭所見古簡策書，其大小雖不一，而稱書爲一冊，必由簡策之冊而來。說文解字，冊，符命也，諸侯進受於王也，象其札一長一短，中有二編之形。冊，古文，冊从竹，又竹部。符，信也，漢制，以竹長六寸，分而相合，从竹，付聲，蓋一長一短相比謂之冊，六寸分合謂之符，故冊可推稱於符命，而符不可轉稱爲書冊，凡竹簡必編以繩，亦護以革。史記：孔子晚喜易，韋編三絕。唐虞世南北堂書鈔引劉向別錄：孫子書以殺青簡，編以縹絲繩。南史王僧虔傳：楚王冢書絲編，然則今人言編輯，固猶沿其舊稱矣。冊，本通作策。說文解字，策，馬箠也。別爲一義，然漢人通借策作冊。禮記中庸：文武之政，布在方策。周禮內史：凡命諸侯及孤卿大夫，則策命之。左傳僖二十八年：王命尹氏及王子虎內史叔興父策命晉侯爲侯伯。昭三年，鄭伯如晉，晉侯嘉焉，授之以策。是冊即策之證，至漢末則通行以策爲冊。蔡邕獨斷云：策者，簡也。禮曰：不滿百文不書於策。其制長二尺，短者半之，其次一長一短。兩編：書下附篆書起年月日，稱皇帝曰：以命諸侯王。劉熙釋名：策，書教令於上，所以驅策諸下也。儀禮聘禮記：百名以上書於策。鄭注：策，簡也。正義：策是眾簡相連之稱。然則古書以眾簡相連而成冊，今人則以線裝

〔註 2〕余嘉錫，〈書冊制度補考〉，王國良、王秋桂合編，《中國圖書文獻學論集》（台北：明文書局，民 75 年），頁 23。

〔註 3〕屈萬里、昌彼得合著、潘美月增訂，《圖書板本學要略》（台北：中國文化大學出版部，民 75 年），頁 5。

分釘而成冊，沿其稱而失其義矣。〔註 4〕

簡冊的長短古有定制，葉氏引古籍的說法以爲有：漢尺二尺四寸、一尺二寸、八寸三種規格，其大小或有不一，而書以冊爲單位，必由簡策之編連方式而來。策，乃冊之假借字，簡策之編連必以繩，亦護之以革。依據出土的實物看來，先將書繩兩道連結，置第一簡於二繩之間，打一實結，復將第二簡置於結之左旁，將二繩上下交結，如編竹簾一般，以下各簡依此類推，直至書末最後一簡，而後再打一實結。〔註 5〕冊，由甲骨文及鐘鼎文看來，乃一束簡牘編連以二道繩子之形狀，許慎亦曰：「象其札一長一短，中有二編之形」，由此可知，書之稱冊乃以簡策相連之故。

書何以稱卷？葉氏云：

> 卷子因於竹帛之帛，竹謂簡，帛謂紙也。墨子云：以其所行，書於竹帛。漢書東方朔傳：箸於竹帛。王充論衡：短書俗記，竹帛胤文，非儒者所見，眾多非一。是竹帛本漢時通用物矣。帛之爲書，便於舒卷，故一書謂之幾卷。凡古書，以一篇作一卷（按小字：漢書藝文志有稱若干篇者，竹也；有稱若干卷者，帛也。）如六經漢人注本，皆小題在上，大題在下，果爲通連，則當大題在上，小題在下矣。卷之心必轉以圓轆。兩頭稱長出於卷，餘出如車軸然。〔註 6〕

葉德輝引《漢書》、《論衡》之說，以爲到了漢代，用帛作書寫工具已較爲普遍；因而「卷」便成帛書之單位，「篇」則專稱竹書。近人王國維、馬衡、錢存訓皆支持葉之說法，唯勞榦、陳槃則持異見。〔註 7〕勞、陳二氏以爲簡牘的單位可稱篇亦可稱卷；若從編簡言之則曰篇，從其可以卷舒言之則曰卷。錢存訓對此有詳實的答辯，錢氏云：

> 至於「卷」是否可用爲簡牘書籍的單位，很成問題。通常認爲卷是指縑帛和紙卷的單位而言。勞貞一謂居延「兵物冊」七十七簡，以麻繩二道編之，如簾狀，可以舒卷。故「簡編則爲冊，卷則爲卷。」陳槃庵於其〈先秦兩漢簡牘考〉一文中，曾試圖證明此一理論；不過所提出之例證，均無一在漢代以前，而漢時「卷」已被廣泛應用爲紙及縑帛的單位。陳氏並指出，漢書藝文志書序稱，今文尚書二

〔註 4〕同註 1，頁 10～11。

〔註 5〕嚴文郁，《中國書籍簡史》（台北：台灣商務印書館，民 81 年），頁 70。

〔註 6〕同註 1，頁 12～13。

〔註 7〕同註 5，頁 71。

> 十九「篇」，而其目錄則曰經二十九「卷」。孔安國古文尚書序中有云：「並序凡五十九篇，爲四十六卷。」陳氏以爲此處既曰篇，復曰卷，據此可以證明一「篇」或數「篇」可以捲而爲「卷」。按漢志既有「篇」，復有「卷」，反足證明陳説之非。若「卷則爲卷」，則不必用「篇」字。此二例證據我的領會是這樣：「篇」和「卷」既分列，當係材料和單位不同。按應劭謂：「劉向爲孝成皇帝典校書籍二十餘年，皆先書竹，改易刊定，可繕寫者以上素也。」所以書序所稱之古文和今文尚書，原分別是五十九「篇」及二十九「篇」，經抄錄於縑帛後，乃爲四十六「卷」及二十九「卷」，因此列於目錄中的「卷」，是皇家圖書館中的帛書，爲卷軸的單位；而見於書序中之「篇」，則爲原本簡牘的單位。實際説來，捲簡較編簡爲易。故居延「兵物冊」的數梱簡冊，即使捲起，相信仍應稱「篇」，而不應稱「卷」。〔註8〕

錢氏引應劭之言反駁否定陳、勞篇卷合一之說，至爲深切，適可補充葉氏證據之不足。因而吾們大致可下一結論：篇乃簡牘之單位；卷乃縑帛、紙本之專有名詞，爲卷軸之單位。

書何以稱本？葉氏云：

> 書之稱本，必有所因。説文解字云：木下曰本。而今人稱書之下邊曰書根，乃知本者，因根而計數之詞。北齊顏之推顏氏家訓書證篇云：漢書中外禔福字當从示。而江南書本多誤从手。後漢書酷吏樊曄傳：寧見乳虎穴。江南書本穴皆誤作六。杜臺卿玉燭寶典引字訓解瀹字云：其字或草下，或水旁，或火旁，皆依書本。漢書孔光傳：犬馬齡載。顏師古注：讀與耋同。今書本有作截字者，俗寫誤也。又外戚孝成趙皇后傳：赫蹏紙。顏師古注：今書本赫字或作擊。是書本之稱，由來已久，至宋刻板大行，名義遂定，如岳珂九經三傳沿革例，以書本爲一例是也。日本島田翰因謂書本爲墨版之稱，實爲大誤，吾謂書本由卷子摺疊而成，卷不如摺本翻閱之便，其制當興於秦漢間。〔註9〕

葉氏以爲「本」者，因根而計數之詞，書本由卷子摺疊而成，其制當興於秦漢間；肯定「本」是書的物質形態的量詞，葉氏對日本島田翰〈雕版源流考〉

---

〔註8〕錢存訓，《中國古代書史》（香港：中文大學出版社，西元1975年），頁13～14。
〔註9〕同註1，頁13～14。

一文謂書本爲墨版之稱，深深不以爲然；然葉氏之說亦有人反對，近人余嘉錫曰：

> 葉氏書之稱本篇以島田氏說爲大誤，謂本者因根而計數之詞，書本由卷子摺疊而成，其制當興於秦漢間云云，此其說皆絕可笑。劉向時固絕無墨版，即摺疊本亦起於唐末，唐人寫書皆用卷子，其事班班可考。今敦煌所得六朝唐人書，何嘗有一摺疊本，而謂其制興於秦漢之間，不知何據。尋「風俗通」之意，一人持本者，持竹簡所書改易刊定之本，一人讀書者，讀傳寫上素之書也。以油素之書寫自竹簡，則竹簡爲書之原本，故呼曰本。其後簡策之制既廢，寫書者借人之書傳錄，則呼所借者爲本。《後漢書・延篤傳》注引「先賢行狀」曰：「延篤欲寫《左氏傳》，無紙，乃借本諷之。」是其事也。凡書無不可傳寫者，因有書本之名矣。〔註10〕

《文選・魏都賦》注引《風俗通》曰：「劉向別錄，讎校，一人讀書，校其上下，得謬誤，爲校。一人持本，一人讀書，若怨家相對，故曰讎也。」余氏由《風俗通》尋繹「書本」之命意，以爲「一人持本者，持竹簡所書改易刊定之本，一人讀書者，讀傳寫上素之書也」「以油素之書寫自竹簡，則竹簡爲書之原本，故呼曰本」，肯定「本」的物質形態是竹簡。近人戴南海認爲這種說法，顯然有偏頗之處，戴氏從實物證明，《別錄》所謂本，決不是單指竹簡，還包括卷軸式的帛書，甚至包括一部分不用卷軸的折疊式的帛書。他的證據是這樣的：西元 1942 年 8 月，長沙戰國楚墓因被盜掘曾出土一件馳名世界的帛書，這件帛書出土時疊爲八幅，放在一個竹匣中。西元 1973 年，長沙馬王堆三號漢墓中出土了《老子》、《法經》、《戰國縱横家書》等二十餘種共十二萬字的帛書，這些帛書大部分都疊成長方形，放在漆奩中，因而余氏之說不可信。〔註 11〕「書何以稱本」眾說紛紜，比較圓通的講法是：本的名稱源於縑帛卷軸，是從古代書寫載體的物質形態發展而來的。又葉氏謂書卷摺疊之制，晉時已通行，舉《廣弘明集》所引晉《義熙祕閣書目》，稱書若干帙爲證，其意以爲凡摺疊之本始有帙；《義熙祕閣書目》，既以帙計書，是知圖書摺疊之制，爾時已然。屈萬里、昌彼得以爲其說非是，二氏舉《說文》、《後漢書》、《西京雜記》記載說明，自漢以來即以帙衺書卷。蓋卷軸既多，檢點不易，

〔註 10〕同註 2，頁 24。
〔註 11〕戴南海，《版本學概論》（成都：巴蜀書社，西元 1989 年），頁 5。

必分若干卷以帙包之，然後易藏易檢，初不必摺疊之書始用帙也。〔註 12〕

中國圖書何以稱一張爲一葉？葉氏云：

> 古者簡籍之式，或用竹，或用木，竹以一簡爲一𥲽，木以一版爲一枼。說文解字竹部：𥲽，籥也，从竹，枼聲。籥，書儀竹笘也，从竹，侖聲。此竹簡从𥲽之證也，牒之木多用柹。顏氏家訓書證篇云：後漢書楊由傳云，風吹削胏，此是削札牘之柹耳，古者書誤則削之，故左傳云：削而投之是也，或即謂札爲削。王褒童約曰書削代牘，蘇竟書云，昔以磨研編削之才，皆其證也。詩云伐木滸滸，毛傳云：滸滸，柹貌也，史家假借爲肝肺字，俗本悉作脯腊之脯，或爲反哺之哺。學士因解云：削哺是屏障之名，既無證據，亦爲妄矣，此是風角占候耳，風角書曰，庶人風者，拂地揚塵轉削，若是屏障，何由可轉也，觀黃門所辨，知札牒之木爲柹木，又知木牒之牒，其制甚薄，故風可吹亦可轉。六書枼一訓薄，薄則便於翻檢，故一翻爲一枼。段玉裁注𥲽字云：小兒所書寫，每一笘謂之一𥲽。今書一紙謂之頁，或作葉，其實當作此𥲽。按段氏知其一不知其二，𥲽之與牒，皆从枼聲，是枼字在𥲽牒之前明矣。竹簡之書，僅能成行，不能成牒，書僮之笘，又其小者，何能謂之葉，不知𥲽字專爲竹笘一𥲽之稱，牒則木牘一版之稱，一葉之葉本當作枼，亦取其薄而借用之，非其本義如此也。吾嘗疑葉名之緣起，當本於佛經之梵貝書，釋氏書言西域無紙，以貝多樹葉寫經，亦稱經文爲梵夾書，此則以一翻爲一葉，其名實頗符，不然，艸木之葉，於典冊之式何涉哉。
>
> 〔註 13〕

透過以上辯證，葉氏以爲書之稱葉，乃起於佛經梵貝書，印度佛教經典皆用當地盛產之貝多羅樹葉來書寫；貝葉經之裝置，是累積若干葉後，上下以板夾住，而後復以繩綑紮；查檢某一段文字時，只消抽出某一葉即可。宋人葉子，即模仿此種方式作卷軸圖書的改良，因而中國圖書稱一張爲一葉，實淵源於此。〔註 14〕

書何以稱部？葉氏云：

---

〔註 12〕同註 3，頁 14。

〔註 13〕同註 1，頁 16～17。

〔註 14〕潘美月，《圖書》（台北：幼獅圖書公司，民 75 年），頁 32～33。

> 今人言書曰某部，又曰幾部。按漢史游急就章云：分別部居不雜廁。說文解字序亦云：分別部居、不相雜廁。此以分類爲分部，故稱某類爲某部，因而以一種爲一部，義得相同，然吾以爲本是篰字，說文竹部，篰，㒼爰也，此爰書之名。下文云：等，齊簡也，从竹从寺。寺，官曹之等平也。笵，法也，从竹，竹簡書也，氾聲。古法有竹刑，爰書爲案牘文，其類至多，故以篰稱，㒼即滿字，今人以盈數爲滿，古亦如之，自後人以部爲篰稱，而篰之本字，人罕知之矣。〔註15〕

部即篰也，葉氏以爲篰即爰書之名，爰書爲案牘文之稱謂，因而以篰來稱滿，沿至後來，遂以部爲計書之單位。

書何以稱函？葉氏云：

> 書稱函者，義當取於函人之函，謂護書也。漢時卷子裹之似袱，其名曰袠，書衣也。後漢書楊厚傳：祖父春卿，善圖讖學，爲公孫述將，漢兵平蜀，春卿自殺，臨命，戒子統曰：吾綈袠中有先祖所傳祕記，爲漢家用，爾其修之。太平御覽文部袠類引宋謝靈運書袠銘：懷幽卷賾，戢妙抱密，用舍以道，舒卷不失，亮唯勤翫，無或暇逸。又引梁昭明太子詠書袠詩曰：摺影象園池，挺莖淇水側，幸雜緗囊用，聊因班女織。是其製以竹織成，與後書所云綈帙者有別，然則同一護書，則竹織者當稱函矣。太平御覽引晉中經簿：盛書有縑袠、青縑袠、布袠、絹袠，既曰盛，則亦用函明甚。然則阮孝緒七錄所稱若干袠，殆亦函矣，改卷爲摺，而後盛之以函，因是而有書囊。隋唐經籍志所稱魏祕書監荀勗分爲四部，盛以縹囊是也。古書大率以五卷或十卷爲一袠。晉葛洪西京雜記云：劉子駿漢書一百卷，無首尾，始甲終癸，爲十袟，袟十卷，合爲百卷。梁昭明太子集前有梁簡文帝序云：凡二袟，二十卷。北堂書鈔引阮七錄云：大抵五卷以上爲一袠。隋志云：周易一袠十卷。陸德明經典釋文敍錄：毛詩故訓傳二十卷，鄭氏箋，下接馬融注十卷云：無下袠，蓋失後袠之十卷也。唐魏徵群書治要五十卷：目錄分五袠，亦以十卷爲一袠，宋刻書尚同。黃記宋咸平國子監專刻本吳志二十卷云：閱其目錄牒文，一卷至十卷分別爲上袟；十一卷至二十卷分爲下袟。眞德秀大

〔註15〕同註1，頁17～18。

學衍義前有進表云：臣書適成，爲卷四十有三，爲袟十有二，是以四卷爲一袟，蓋亦視本之厚薄多少定之。總而論之，梁以前袠以裹書，梁以後袠以函書，故袠之名微，而函之名著矣。〔註16〕

葉氏以爲書之稱函，當與護書有關，護書稱袠稱函，當與材質有關，竹織者稱函，縑布絹綈爲之者稱袠，葉氏甚且認爲梁以前袠以裹書，梁以後則以函書。近人余嘉錫則不以爲然。余氏云：

陳繼儒《群碎錄》云：「書曰帙者，古人書卷外必有帙藏之，如今裹袱之類。白樂天嘗以文集留廬山草堂，屢亡之，宋眞宗令崇文院寫校，包以班竹帙，送寺。余嘗于項子京家見王維畫一卷，外出班竹帙裹之，云是宋物。帙如細簾，其内襲以薄繒，觀帙字巾旁可想也。」繼儒曾親見宋帙，故說其制甚明，葉氏乃謂竹織者當稱函，又謂梁以前袠以裹書，梁以後袠以函書，皆杜撰無故事。如《集賢記注》所載之書帙，非織竹成之者耶，何以謂之帙，不謂之函耶。〔註17〕

余嘉錫先生以《群碎錄》及《集賢記注》兩篇文獻來反駁葉氏的矛盾之處，考議甚爲詳盡。蓋袠之盛書，大抵以十卷爲率，多者亦不過十一、二卷，余氏見武平一徐氏《法書記》云，宮人出六十餘函，每函二十餘卷，別爲一小函，可有十餘卷，因而可以得知，函之所盛較袠爲多，當是書牘之類，非袠。

## 第二節　釋版本名稱及常識

### 一、釋版本

版本連用始於宋代文獻。南宋葉夢得《石林燕語》云：

唐以前，凡書籍皆寫本，未有模印之法，人以藏書爲貴，人不多有，而藏者精於讎對，故往往皆有善本，學者以傳錄之艱，故其誦讀亦精詳。五代馮道始奏請官鏤六經板印行，國朝淳化中，復以史記、前後漢付有司摹印，自是書籍刊鏤者益多，士大夫不復以藏書爲意，學者易於得書，其誦讀亦因滅裂，然板本初不是正，不無訛誤，世既一以板本爲正，而藏本日亡，其訛謬者遂不可正，甚可惜也。〔註18〕

〔註16〕同註1，頁18～19。
〔註17〕同註2，頁39。
〔註18〕同註1，頁25。

葉德輝據此以爲：「雕板謂之板，藏本謂之本，藏本者，官私所藏，未雕之善本也。自雕板盛行，於是版本二字合爲一名。」〔註 19〕蓋雕版印刷發達後，把印本書稱爲版，稱未雕的寫本書爲本，「版本」二字在兩宋，即成爲雕版書與手抄本、稿本的合稱。

## 二、釋版本學、目錄學、校勘學

葉德輝云：「近人言藏書者，分目錄、板本爲兩種學派。大約官家之書，自崇文總目以下，至乾隆所修四庫全書總要，是爲目錄之學。私家之藏，自宋尤袤遂初堂、明毛晉汲古閣，及康雍乾嘉以來各藏書家，斷斷於宋元舊鈔，是爲板本之學。然二者皆兼校讎，是又爲校勘之學，本朝文治超軼宋元，皆此三者爲之根抵。」〔註 20〕葉德輝版本學、目錄學、校勘學界說，是依最初發展意義而定的。早期版本學是爲校勘學服務的，通過校勘，辨別出版本異同優劣，再通過目錄表現成一種學問，三者有其緊密之血緣關係，但發展到後來，三者卻各有自己研究的對象、範圍與規律。以「版本鑒定」爲核心的版本學，與「辨章學術，考鏡源流」的目錄學、「是正文字」的校勘學是有所區別的。〔註21〕葉氏將目錄、校勘、版本之學做爲清學根抵，雖有偏頗之處，卻可見版本之學在清學中的地位。

## 三、釋板片

板之稱片，習見元明諸書，據葉德輝的考證，陸志元馮福京《昌國州圖志》七卷，福京跋後有字數行云：「昌國州圖志板五十六片，雙面五十四，單面二，計印紙一百零十副，永爲昌國州官物，相沿交割者，大德二年十一月長至日畢工。」繆續記有元趙汸《春秋屬辭》二十五卷、《春秋補注》十卷、《春秋師說》二卷後有洪武元年程性謹書云：「若春秋屬辭二十一卷，序目跋尾共該板三百二十三片；左氏傳補注十卷，共該板一百片，春秋師說三卷，附錄二卷，共該板六十九片，總計板四百九十二片，初，商山義塾奉命以是書刻梓，自庚子迄癸卯，計會廩膳賦輸之餘，贍本鳩工刻板一百一十片，皆直學黃權視工。」〔註 22〕由此可知《明南雍經籍考》之載板片數目，蓋相沿久矣。

---

〔註 19〕同註 18。
〔註 20〕同註 1，頁 25～26。
〔註 21〕同註 11，頁 100。
〔註 22〕同註 1，頁 26。

### 四、釋刊刻之名義

刊刻之同義異名，葉德輝據各書考之，有曰：雕、新雕、刊、新刊、開雕、開板、開造、雕造、鏤板、鋟板、鋟木、刻梓、刻木、刻板、鑱木、繡梓、模刻、校刻、刊行、板行。其餘官書，有曰：校勘、監雕、印造。坊塾刻本，有曰：校正、錄正、印行。在唐末、宋初習見者曰：鏤板、雕板、印板。寫樣本則曰：篆板；印行本則曰墨板；元明坊刻，多曰繡梓；清代書坊刻書亦稱繡梓，也有用新刊者。〔註 23〕

### 五、考書節鈔本之始

古書無刻本，故一切出於手鈔，因而須節其要以便流觀，據葉德輝的敘述，有：梁庾仲容《子鈔》、唐魏徵《群書治要》、唐馬總《意林》、宋曾慥《類說》、無撰人《續談助》、元陶九成《說郛》、明陸楫《古今說海》。至於刻本書之節鈔者有：宋坊行有《十七史詳節》，託名於呂祖謙，然未有及於他書者；魏了翁節錄五經正義爲《五經要義》，此書是節鈔義疏之始，正以義疏過繁，故摘要以便省覽，然未有及於經文者。〔註 24〕

### 六、巾箱本之始

巾箱本之名出現於文獻者，當爲晉葛洪集《西京雜記》二卷序；出現於正史者當爲《南史．齊衡陽王鈞傳》。葉德輝考諸文獻得知，所謂巾箱本，乃便於隨行之本。南齊衡陽王鈞曾手寫五經置巾箱中，諸王從而效之。南宋巾箱本無所不備，寧宗嘉定間，從學官楊璘之奏，焚燬小板，後又盛行。宋刻巾箱全爲士子懷挾之用，近世所傳各經，宋版中最小者爲不分卷九經，常見的板本有：（一）婺州本，《點校重言重意互註尚書》，卷止四寸，寬不及三寸。（二）《纂圖附音重言重意互註周禮鄭注》，長三寸一分，幅二寸。（三）京本《點校附音重言重意互註禮記》，長三寸半，寬二寸半。（四）淳熙三年阮氏種德堂刻《春秋經傳集解》三十卷，高四寸八分，廣三寸四分。（五）名公增修標注《隋書詳節》二十卷，高三寸半，寬二寸。〔註 25〕葉德輝藏有：《永嘉八面鋒》，長止工部尺二寸六分，寬一寸七分；乾隆十三年姚培謙刻《世說》八卷，五行十一字本，長止工部尺一寸八分、寬一寸一分；乾隆中蘇州彭氏刻有論孟注疏兩種，行字極細密，長止工部尺二

〔註 23〕同註 1，頁 27～29。
〔註 24〕同註 1，頁 30。
〔註 25〕同註 1，頁 31～32。

寸，寬一寸七分。〔註 26〕

## 第三節　論版本鑒定

### 一、必備之書目題跋

雕版書籍大量傳寫，不同版本激增，反映版本考察之必要性。據葉德輝《書林清話》所敘，論及版本始自宋尤袤《遂初堂書目》，在一書之下之著錄不同版本。如：成都石經本、祕閣本、舊監本、京本、江西本、吉州本、杭本、舊杭本、嚴州本、越州本、湖北本、川本、川大字本、川小字本、高麗本等。岳珂所刻之九經三傳，其沿革例所稱，有：監本、唐石刻本、晉天福銅板本、京師大字舊本、紹興初監本、監中見行本、蜀大字舊本、蜀學重刊大字本、中字本、中字有句讀附音本、潭州舊本、撫州舊本、建大字本、俞韶卿家本、又中字凡四本、婺州舊本、併興國于氏、建余仁仲凡二十本、又越中注疏舊本、建有音釋注疏本、蜀注疏本、合二十三本。葉氏由此推論辨別版本之風，始於宋末。〔註 27〕但據葉夢得《石林燕語》卷八云：「宋景文用監本手校《西漢》一部，末題用『十三本校』，中間有脫兩行者。」可知，北宋人已知辨別版本。〔註 28〕宋代以後，雕版印刷的書籍蔚爲大觀，無論經、史、子、集、佛經、道藏，均有許多不同雕印本行世，版本既多，本與本之間就產生內容、卷數以及文字等方面的差異。爲了獲得眞知，就不得不考究版本優劣、比勘版本異同。考訂版本必備之書目，葉氏以爲有如下數種：

明毛扆《汲古閣珍藏祕本書目》、江陰李鶚翀《得月樓書目》、清季振宜《季滄葦書目》、錢曾《述古堂藏書目》、徐乾學《傳是樓宋元本書目》、明范氏《天一閣書目》、錢曾《讀書敏求記》、于敏中奏敕編《天祿琳琅書目》十卷、彭元瑞奉敕編《天祿琳琅書目後編》二十卷、孫星衍《祠堂書目》內編四卷外編三卷、《平津館鑒藏書籍記》三卷補遺一卷續編一卷、陳宗彝《廉石居藏書記》、吳焯《繡谷亭薰習錄》、吳壽暘《拜經樓藏書題跋記》五卷附錄一卷、黃丕烈《士禮居藏書題跋記》、黃丕烈《百宋一廛書錄》、張金吾《愛日精廬藏書志》、陳鱣《經籍跋文》、陳鱣《簡莊隨筆》、彭元瑞《知聖道齋讀

〔註 26〕同註 25。
〔註 27〕同註 1，頁 5。
〔註 28〕同註 11，頁 14。

書跋尾》、瞿中溶《古泉山館題跋》、錢泰吉《曝書雜記》、朱緒曾《開有益齋讀書志》六卷、續一卷、附金石記一卷、陳樹杓《帶經堂書目》、朱學勤《結一廬書目》、邵懿辰批注《四庫全書簡明目》、袁芳瑛《臥雪廬藏書簿》、瞿鏞《鐵琴銅劍樓書目》、丁丙《善本書室藏書志》、丁日昌《持靜齋書目》、莫友芝《宋元舊本書經眼錄》、邵亭《知見傳本書目》、楊紹和《楹書隅錄》五卷續編五卷、陸心源《皕宋樓藏書志》、陸心源《儀顧堂題跋》十六卷、楊守敬《日本訪書志》、楊守敬《留真譜》、繆荃孫《藝風堂藏書記》、繆荃孫《學部圖書館善本書目》。〔註 29〕

此外，諸家文集、日記、雜志亦多涉之，如：王士禎《居易錄》、朱彝尊《曝書亭集》、何焯《義門讀書記》、何焯校注《通志堂經解目錄》、盧文弨《群書拾補》、盧文弨《抱經堂集》、錢大昕《竹汀日記鈔》、顧廣圻《思適齋文集》、錢泰吉《甘泉鄉人稿》、阮元《揅經室外集》、蔣光煦《東湖叢記》、陸心源《儀顧堂集》。域外部分則有：森立之《經籍訪古志》六卷補遺二卷、島田翰《古文舊書考》。其他如：羅振玉《鳴沙山石室祕錄》、王仁俊《敦煌石室真蹟錄》等，均足為版本研究、考訂之必備工具書。〔註 30〕

近代學者對版本考訂，亦開列必備的工具書，如魏隱儒在《古籍版本鑒定叢談》所開列的工具書，項目類型較葉德輝為廣，有：字典、辭典、索引、書史、藏書家故實、目錄、書影、紀年表等。〔註 31〕屈萬里、昌彼得在《圖書板本學要略》所列之〈考訂善本書應用之最低限度參考書提要〉，內含：《書林清話》、《書林餘話》、《千頃堂書目》、《四庫全書總目提要》、《四庫未收書目提要》、《四庫全書總目索引》、《販書偶記》、《焚書總目》二卷附錄一卷、《叢書大辭典》、《宋元本行格表》二卷附錄一卷、《明吳興閔版書目》、《寶禮堂宋本書錄》四卷附錄一卷、《文祿堂訪書記》等，皆值得參考。〔註 32〕

## 二、鑑別原則

《書林清話》卷十〈宋元刻偽本始於前明〉一節，葉德輝在引高濂遵生八箋〈燕閒清賞牒論藏書〉，討論書估如何作偽之後，提出個人鑑別版本的原則。葉氏云：

---

〔註 29〕同註 1，頁 5～8。

〔註 30〕同註 1，頁 8～9。

〔註 31〕魏隱儒，《古籍版本鑒定叢談》（太原：山西省圖書館，西元 1978 年），頁 130～132。

〔註 32〕同註 3，頁 92～96。

> 按高氏說書估作僞之弊，至爲透闢，然究之宋刻眞本，刻手、紙料、墨印、迥然與元不同，元人補修宋版，明人補修宋元，多見古本書之人，可以望氣而定，如宋元舊板，明時盡貯於國子監，自元迄明，遞有補修，其板至國朝嘉慶時，始燬於江寧藩庫之火，明初印本流傳尚多，試取其紙料墨色印工驗之，斷乎不能混入天水。南宋末年刻印之書，轉瞬入元，其氣味便有清濁之異，宋清而元濁，究亦不解其所以然。惟元末明初之書，稍難分別，正統以後，則又判然，南監修板最後印者，板式參差不齊，字跡漫漶難辨，即令工於作僞，無如開卷了然，至所稱扣填姓名，非獨墨色濃淡各殊，而字行決不聯貫，且新紙染舊，燥氣未除，初印新雕，鋒鋩未斂，種種無形之流露，可以神悟得之，吾沈溺於此者三十餘年，所見所藏，頗有考驗，高氏之言，但明其迹，吾所論則純取之於神理也。〔註33〕

葉德輝以爲高氏之版本鑑別純從形迹著手，不夠周延，他本人則從「神理」爲之，可以「望氣而定」。事實上，葉之望氣之法，絕非故弄玄虛，除靠敏銳眼力，就古書之紙料、墨色、印工、手跡、版式作細密觀察比較之後，仍須運用科學方法，從客觀形式之字體、刀法加以研究，對版式加以統計，對紙墨加以檢查，依朝代、地區作不同的判定，累積多年經驗之後，方能「望氣而定」〔註34〕

## 三、辨僞

版本鑑定方法之一爲辨僞。在宋本日稀，收藏家爭相寶貴之際，坊估爲射利，往往作僞欺人，其作僞情況，依葉德輝敘述，不外如下幾種，葉氏云：「總之不出以明翻宋板剜補改換之一途，或抽去重刊書序，或改補校刊姓名，或僞造收藏家圖記，鈐滿卷中，或移綴眞本跋尾題籤，掩其贋跡。」〔註35〕僞造實例，依《書林清話》所述，《天祿琳琅》辨出者，已有十餘種之多，如：明板經部《春秋經傳集解》三十卷，僞作「咸平辛丑刊」五字，補印於板心；宋楊甲《六經圖》六冊，割去序文及校刊姓氏，以僞充宋槧；明板史部《史記集解》一百三十卷，目錄後第三行四行有割去重補之痕，當是明人所記刻書年月，書估以其形似宋板，故爲之割去；《晉書》一百三十卷，從宋版翻出，目錄後仍存「淳熙丁未季春弘文館校刊」一行，刻此書者欲作宋槧爲賈利之資；明板子部

〔註33〕同註1，頁267。
〔註34〕李清志，《古書版本鑒定研究》（台北：文史哲出版社，民75年），頁5。
〔註35〕同註1，頁264。

《戰國策鮑彪注》十卷，卷末有「嘉定五年夏月世綵堂刊」本記，左右邊闌墨線，俱就板中分行線痕湊成木記之式，其爲僞造，十分顯然；明板集部《東坡全集》一百十卷，序後原署姓名，爲書估割去，補刊一行云：「乾道元年閏正月望選德殿書賜蘇嶠夫」，賜書即應以年月姓名標識卷中，宜出手書，不應刊印；此外，六臣注《文選》六十卷，袁褧刻本，五十六卷末葉，標「戊申孟夏十三日李清雕」，李宗信、李清可能是當時剞劂高手，故自署其名，此書被作僞之情況不一而足。如：第一部之末葉，李宗信、李清之名，都被書商割去，袁褧識語亦遭淘汰。而於六十卷末葉，改刊「河東裴氏考訂諸大家善本，命工鍥於宋開慶辛酉季夏，至咸淳甲戌仲夏工畢」，並於末行增刊「把總鍥手曹仁」，字畫與前不同，版心墨線參差不齊，考訂之訂字也誤作金旁，僞飾的痕跡，十分明顯；第二部，卷末僞刊「奏議郎充提舉茶鹽司幹辦公事臣朱奎奉聖旨廣都縣鏤板，起工於嘉定二年歲次己巳，畢工於九年壬子臘月」，並標「督工把總惠清」，也是割去原紙，別刊半葉黏接於後，且年代有誤，嘉定九年是丙子而非壬子，作僞痕跡也十分明顯；第三部於蕭統序後標「紹聖三年丙子歲臘月十六日祕閣發刊」，又於呂延祚表後列「曾布蔡卞等校正」銜名，卷六十後復標「紹聖四年十月十五日大學博士主管文字陳瓘督鐫匠孫和二等工完」，皆是別刊半幅黏接，然袁氏識語木記，盡爲割補；第四部，卷五十二末葉「戊申孟夏十三月李宗信雕」一行，橅印之時，以別紙掩蓋其上，十三兩字，墨痕猶隱透行間，依稀可辨，板心上方，復以「熙寧四年刊」五字，別刊木記，逐幅鈐印；第五部，存序後裴宅印賣一條，其餘識語木記，俱經私汰，卷二十四後僞標「嘉祐改元證心堂刊」八字，祐誤爲祐，改字己旁譌作尸；第六部，於序末及卷六十後，僞刊「淳祐二年庚午歲上蔡劉氏刊」隸書木記；第七部，於六十卷後刻「河東裴序考訂」，二訂字誤作金旁。總計內府文選十部之中作僞者居八九，書商之狡獪，令人大開眼界。〔註36〕

另《書林清話》卷十〈天祿琳琅宋元刻本之僞〉一節，亦指陳《天祿琳琅後編》所載宋版書，書估作僞之迹，如：《史記集解索隱正義》一百三十卷，目錄後印「校對宣德郎祕書省正字張耒八分書條記」，因定爲元祐時槧，此書不見於各家書目，宋時官刻書又無此體式，其用八分而不用眞書，正足以掩其詐；《重廣補注黃帝內經素問》二十四卷第四部，每板心有「紹定重刊」四字，宋版無此體式，有元號無年月，即元明兩監補修之宋本諸史也不會如此

〔註36〕同註35。

含胡，因而吾們可以斷定板心四字必是書估僞造而後加印其上；《孫可之集》十卷，目錄後刻「大宋天聖元年戊辰祕閣校理仲淹家塾」字，仁宗天聖元年，歲在癸亥，戊辰即六年也，其字畫濃重，與當時所刻不同，書估增印作僞的痕跡甚爲明顯。〔註 37〕《天祿琳琅》所載諸書，乃祕閣之藏，鑑賞考訂尚如許不可據，推而論之，其他藏書家爲書估所騙者，當不知凡幾，吾人考訂版本之時，不可不愼。

另《書林清話》卷四〈廣勤堂刻萬寶詩山〉載：「至孫記所載元本唐詩始音輯注等目，後有廣勤堂鼎氏印，建安葉氏鼎新繡梓長木印，此似在萬寶詩山之前，然亦不出明代，何也？如始音、正音、遺響等類，與分初盛中晚唐詩者知解相同。初盛中晚之別，始於明高棅編唐詩品彙、拾遺，據其序，書成於洪武甲子十七年，而拾遺則補於癸酉，其書子目有大家、名家、羽翼、餘響等類，區畫唐詩門戶，風氣開自明初，元人無此例也，然則詩山及始音等集精刻本，埒於宋、元，故自來收藏家，不誤以爲宋，即誤以爲元，亦其魚目可以混珠故也。」〔註 38〕葉德輝用文學史知識中的文體觀辨別《唐詩始音》爲元刊之誤，能突破版刻形式來分辨古書年代眞僞，對版本鑒定相當具有啓發性。〔註 39〕

# 第四節　論雕版之起源

## 一、石刻

石刻是雕版印刷的先驅。葉德輝以爲，漢末蔡邕書九經，刻石鴻都太學，是爲石刻經之始。自後有魏正始石經、唐玄宗天寶四年唐石臺之隸書《孝經》、唐文宗開成二年刻十二經。唐開元御書《道德經》，以石刻子，殆始於此時，然此實胚胎於六朝厓峪石幢佛經之刊，直到現在，我們仍可看到許多遺跡，其最著名者如山西太原西風峪與河南武安縣鼓山北響堂山，均有北齊時所刻石經。尤其是泰山《金剛經》，至擘窩大書，竟至佔谷數畝之廣，而房山之石刻梵經，始於隋，繼以唐，成於遼，共二千七百石，規模尤爲宏大。〔註 40〕

〔註 37〕同註 1，頁 263。

〔註 38〕同註 1，頁 114。

〔註 39〕同註 11，頁 245。

〔註 40〕羅錦堂，《歷代圖書板本志要》（台北：國立編譯館中華叢書編審委員會，民 47 年），頁 11。

魏晉以後，佛老大行，其刻《道德經》，乃重釋老，非刻諸子也。石刻既繁，木刻因之而出；葉氏強調，石刻氈椎，曠工廢日，裝潢褾背，貨亦不貲，因而造成刻板之發展。〔註41〕

## 二、刻本之始

書有刻本，一般人皆以為始於五代馮道，但葉德輝卻認為，唐僖宗中和年間即已有之，《書林清話》引三種文獻，證明此種論點。唐柳玭《家訓》云：「中和三年癸卯夏，鑾輿在蜀之三年也。余為中書舍人。旬休，閱書於重城之東南，其書多陰陽雜記、占夢、相宅、九宮五緯之流，又有字書、小學，率雕板印紙，浸染不可盡曉」；葉夢得《石林燕語》卷八云：「世言雕板印書始馮道，此不然；但監本五經板，道為之爾。柳玭訓序言其在蜀時嘗閱書肆，云字書小學，率雕板印紙，則唐因有之矣；但恐不如今之工」；宋朱翌《猗覺寮雜記》卷六又云：「雕印文字，唐以前無之。唐末，益州始有墨板。後唐方鏤九經，悉收人間所有經史，以鏤板為正。見兩朝國史」。〔註42〕據此，葉氏又舉「唐元微之為白居易長慶集自序，有繕寫、模勒、衒賣於市井之語，司空圖一鳴集載有為東都敬愛寺講律僧惠確化募雕刻律疏」〔註43〕證明唐代刻板書之大行，更在僖宗以前。但日本島田翰卻在〈雕板淵源考〉據《顏氏家訓》稱江南書本，謂書本之為言，乃對墨板而言之，又據陸深《河汾燕閒錄》引隋開皇十三年十二月八日敕廢像遺經悉令雕板之語，謂雕板興於六朝。島田翰云：

> 陸深河汾燕閒錄云：「隋開皇十三年十二月，敕廢像遺經，悉令雕板。」記曰：廢像遺經，悉令雕撰，市村器堂氏依此文，乃云：雕屬廢像，撰屬遺經，即非刻書之謂。予則以前陸氏在明，猶逮見舊本，而記云雕板，恐宋藏中，必有作雕板者矣。信斯語也，則隋時已有雕板也。予嘗怪漢有熹平石經，魏有三字石經，經傳之有石刻，其來已久矣。夫陰文刻石，與陽文刊木，僅一轉之間耳；後世無乃推廣其事，以及經史乎？予以為墨板，蓋昉於六朝。何以知之？顏氏家訓曰：「江南書本，穴皆誤作六」。夫書本之為言，乃對墨板而言之也。顏之推北齊人，則北齊時既知雕版矣。玉燭寶典引字訓解瀹字云：「其字或草下，或水旁，或火旁，皆依書本」已曰皆依書本，亦可證其對墨板也，

〔註41〕同註1，頁23。
〔註42〕同註1，頁19。
〔註43〕同註42。

> 是隋以前有墨版之證。……先儒云隋時始有佛書雕本，監本始於馮道，而流俗沿襲，莫之能更，不知其昉於北齊之前，而唐太宗以前已有監刻本。私謂是先儒未道之遺，故舉以質諸博雅。〔註44〕

對此，葉德輝深深不以爲然，就島田翰引陸氏之語反駁曰：「然陸氏此語本隋費長房三寶記，其文本曰廢像遺經，悉令雕撰，意謂廢像則重雕，遺經則重撰耳。阮吾山茶餘客話，亦誤以雕像爲雕板，而島田翰必欲傅合陸說，遂謂陸氏明人，逮見舊本，必以雕撰爲雕板，不思經可雕板，廢像亦可雕板乎？」〔註 45〕葉氏申述雕指廢像，撰指遺經之說顯然有誤，清王士禎早有辨之，王云：「印本書，始於五代，諸家之說皆然。惟陸文裕燕閒錄云：『隋文帝開皇十三年十二月八日，敕廢像遺經，悉令雕撰，此印書之始。』予詳其文義，蓋雕者乃像，撰者乃經，儼山連續之誤耳。」〔註 46〕王氏之說甚爲公允，葉氏可能未注意及此，也可能根本不贊同。葉德輝對「廢像遺經悉令雕撰」一語之詮解，也引起近人之爭論。如毛春翔則贊同葉之說法，毛氏云：「廢像則重雕，遺經則重撰。像只能雕塑，不可謂雕撰，倘使像能雕撰的話，就是誤解前人的文義。」另外吳則虞先生則認爲：「廢像遺經，悉令雕撰爲確鑿史料，因而像可雕版，而且中國鏤版之興，更從雕像始。」吳氏據此曰：「廢像重雕，不爲無據。」但戴南海考「歷代三寶記」知其始末，以爲敕文所謂「悉令雕撰」即「廢像重雕」當爲雕鐫立體像無疑，因而戴氏認爲光根據此一史料即兀自以爲此乃隋開皇之間雕版佛像的根據，實有欠妥當。〔註 47〕戴氏更從佛教的法利舍討論起，以爲「在具備了強烈社會需求，並且筆墨紙張以及反寫陽文的雕刻技術都已相當完善的隋代前期，總結東晉以來的傳拓技術並把它反轉，即雕版佛像，不能不是順理成章，水到渠成的事情。」〔註 48〕因而戴氏以爲：在隋末已開始雕版佛像的觀點並不是天方夜譚式的遐想，而是有一定的根據。〔註 49〕戴氏的說法倒是一大突破，但張秀民又從種種證據證明隋代之說不可信。〔註 50〕

〔註44〕島田翰，〈雕板淵源考〉，島田翰，《古文舊書考》（台北：廣文書局，民 56 年），頁 16。
〔註45〕同註 1，頁 20。
〔註46〕同註 3，頁 23。
〔註47〕同註 11，頁 69。
〔註48〕同註 11，頁 71。
〔註49〕同註 11，頁 72。
〔註50〕張秀民，《中國印刷術的發明及其影響》（台北：文史哲出版社：民 77 年），頁

至於島田翰引《顏氏家訓》證明雕版興於六朝的說法，葉德輝反駁曰：「若以諸書稱本，定爲墨版之證，則劉向別錄校讎者一人持本，後漢章帝賜黃香淮南子、孟子各一本，亦有得謂墨板始於兩漢乎？」〔註 51〕葉氏所論甚諦，顏之推只說「江南書本」、「河北書本」，這些書本都是抄寫的，並非刻本。清人俞樾與島田翰於春在堂筆談時，也曾駁曰：「如顏氏果以書本對刻本言，則當時刻本當已遍天下矣，何至唐時猶不多見也？」〔註 52〕因而島田翰所說的理由並不充分。

雕板究竟始於何代？根據張秀民的研究，至少有七種說法，分別是：漢朝說、東晉咸和說、六朝說、隋朝說、唐朝說、五代說、北宋說。這七種說法，漢朝說、東晉說嫌太早，北宋說卻又太晚，皆無法成立。舊時流行的五代說，已爲事實所推翻，隋代說因誤解文獻也有問題，比較可信的是唐代說，但唐代有三百年歷史，定位在那個年代也是眾說紛紜。張氏根據新發現的文獻，提出結論：中國雕板印刷大約起源於七世紀初年（西元 635 年左右），八世紀市場上出現了印紙，九世紀不但文獻記載更多，敦煌發現的實物也不少，成都且已成爲全國刻書中心。〔註 53〕

### 三、雕板盛於五代

葉德輝認爲，雕板肇祖於唐卻盛行於五代。葉氏引〈薛五代史唐書明宗紀〉指出，五代長興三年，即將九經雕版印刷。宋王溥《五代會要》卷八經籍云：「後唐長興三年二月，中書門下奏，請依石經文字，刻九經印板。敕令國子監集博士儒徒，將西京石經本，各以所業本經，句度抄寫注出，仔細看讀。然後僱召能雕字匠人，各部隨帙刻印板，廣頒天下。……其年四月，敕差太子賓客馬縞、太常丞陳觀、太常博士段顒、路航，尚書屯田員外郎田敏充詳勘官。兼委國子監於諸色選人中，召能書人，端楷寫出，旋付匠人雕刻。每日五紙，與減一選，如無選，可減等第，據與改轉官資。」〔註 54〕此次奏請刻九經印版的是宰相馮道，規劃弘大詳備，既甄選能手抄寫雕刻之外，又召集各經專家擔任校對，自此至後周廣順三年，終於完成「九經書」及「五

24～28。

〔註 51〕同註 1，頁 20。

〔註 52〕同註 4，頁 27。

〔註 53〕同註 50，頁 22～47。

〔註 54〕同註 1，頁 21。

經文字」「九經字樣」二部，共一百三十冊。顯德二年二月准敕校勘《經典釋文》三十卷，雕造印板。〔註 55〕當五代兵戈俶擾、禪代朝露之際，其君與臣，猶能崇尚經典，刻板印行。士大夫上自公卿下至方外，或廣刻書籍，或刻其私集，流播一時，如：毋昭裔爲了便利天下學者，刻九經、諸史、《文選》、《初學記》外，又刻《白氏六帖》。和凝，平生爲文，長於短歌艷曲，尤好聲譽，有集有卷，自篆於版；又貫休，檢尋藁草及闇記憶者，約一千首，刻於成都，可見當時刻板之風行。〔註 56〕現存五代刻本，僅有敦煌所出之《唐韻》、《切韻》二種，爲五代細書小板刊本；二書惜爲法人伯希和收入巴黎圖書館。由此看來，雕版確已盛行於五代。

〔註 55〕同註 1，頁 21～22。
〔註 56〕同註 1，頁 22。

# 第六章　《書林清話》內容述評（中）

## 第一節　敘歷代版刻發展史略

### 一、宋代

兩宋時的雕版印刷，依《書林清話》的敘述，大體可分為官刻本、家刻本及坊刻本。〔註1〕

官刻本，屬於中央政府的有：國子監本、秘書監本、德壽殿本、左廊司局本。屬於地方政府的則有：兩浙東路茶鹽司本、兩浙西路茶鹽司本、兩浙東路安撫使本、浙東庾司本、浙右漕司本、浙西提刑司本、福建轉運司本、潼州轉運司本、建安漕司本、福建漕司本、淮南東路轉運司本、荊湖北路安撫使司本、湖北茶鹽司本、廣西漕司本、江東倉臺本、江西計臺本、江西漕臺本、淮南漕廨本、廣東漕司本、江東漕院本、江西提刑司本、公使庫本、州軍學本、郡齋本、郡庠本、郡府學本、縣齋本、縣學本、學宮本、頖宮本、學舍本、大醫局本、書院本、祠堂本。其中公使庫本，有：蘇州公使庫、吉州公使庫、明州公使庫、沅州公使庫、舒州公使庫、撫州公使庠、台州公使庫、信州公使庫、泉州公使庫、鄂州公使庫等，每一公使庫，皆刻有幾種書，其中以撫州公使庫刻的《鄭注禮記》為最有名，至今尚有傳本。〔註2〕州軍學本分：江陰軍學、宣州軍州學、黃州州學、婺州州學、惠州軍州學、撫州州學、南劍州州學、廬州州學、建昌軍學、揚州州學、興化軍學、衢州軍州學、

〔註1〕葉德輝，《書林清話》（台北：世界書局，民77年），頁60～88。
〔註2〕同註1，頁64。

邵武軍學、撫州軍學、袞州軍州學、泉州軍州學、潭州州學、金州軍州學、嚴州州學、象州軍州學、高郵軍學、建昌軍學、台州州學、興國軍學、武岡軍軍學、臨江軍學、袁州軍學、福州州學、淮安州學、邵武軍學、衢州州學、贛州州學、袁州軍學等。郡齋本，有：姑蘇郡齋、舂陵郡齋、會稽郡齋、高郵郡齋、臨川郡齋、宣州郡齋、贛郡齋、盱江郡齋、泉南郡齋、吳郡齋、徵江郡齋、灊山郡齋、鄱陽郡齋、九江郡齋、婺州郡齋、姑熟郡齋、建安郡齋、廣德郡齋、括蒼郡齋、吳興郡齋、筠陽郡齋、池陽郡齋、南康郡齋、襄陽郡齋、邵陽郡齋、沔陽郡齋、臨汀郡齋、全州郡齋、四明郡齋、懷安郡齋、新安郡齋、南劍郡齋、天台郡齋、永嘉郡齋、宜春郡齋、泉州郡齋、舒州郡齋、眞州郡齋、衡陽郡齋、南劍州郡齋、台州郡齋、嚴州郡齋、衢州郡齋、當塗郡齋、廬陵郡齋、臨州郡齋、嚴陵郡齋、崇陽郡齋、桐川郡齋等。郡庠本有：泉南郡庠、吳興郡庠、宜春郡庠、永州郡庠、揚州郡庠、臨汀郡庠、福唐郡庠、溫暖郡庠、臨汀郡庠、臨汝郡庠、高郵郡庠、蘄春郡庠、泉州郡庠、東寧郡庠、桐江郡庠、衢州郡庠、贛州郡庠。郡府學本有：臨安府學、平江府學、嚴州府學、安陸郡學、池州郡學、池陽郡學、泉州府學、鎮江府學等。縣齋本有：當塗縣齋、六峰縣齋、高安縣齋、大庾縣齋、建陽縣齋、湘陰縣齋、崇陽縣齋等。縣學本有：汀州寧化縣學、黃巖縣學、象山縣學、華亭縣學、崑山縣學、永福縣學等。學宮本有：泉州學宮、溧陽學宮、桐江學宮、富州學宮、衢州學宮等。頖宮本有：湖州頖宮、舒州頖宮、鄞縣頖宮等。書院本有婺州麗澤書院、象山書院、泳澤書院、龍溪書院、竹溪書院、環溪書院、建安書院、鷺州書院等。祠堂本有：金華呂氏祠堂、嚴陵趙氏祠堂等。以上各家皆有槧本流傳，向來爲收藏家所寶貝。〔註 3〕此外還有只稱某府某州者，如：江寧府本、杭州本、明州本、溫陵州本、吉州本、紹興府本、臨安府本、平江府本、嚴州本、餘姚縣本、鹽官縣本、眉山本。其中眉山本有著名的眉山七史，此七史即：宋書、南齊書、梁書、陳書、魏書、北齊書、周書等。此七部書嘉祐年間，即已「舛謬亡闕」，朝廷始詔館職讎校，送杭州雕版，後遭靖康丙午之變，中原淪陷，此書幾亡。紹興十四年，井憲孟爲四川漕，始檄諸州學官搜求當時所頒之本，收合補綴，命眉山刊行，宋以來藏書家稱爲蜀大字本。元時版印模糊，遂稱之爲九行邋遢本，其書半葉九行，每行十八字，元以來遞有修板，明洪武取天下書版入南京國子監，所以稱「南

〔註 3〕同註 1，頁 64～75。

監本」，明嘉靖、萬曆、崇禎續有補版，故稱「三朝本」。〔註4〕宋代官書皆許士子借讀，《書林清話》卷八〈宋元明官書許士子借讀〉一節，葉德輝引諸家書目，言及當時流通情形及借書規定。此制元明以後，一直未改，到了清代，乾隆年間，四庫書成，建文瀾、文匯、文宗三閣貯書，諭令士子願讀中秘書者可就閣中借鈔。

宋代家刻本，據《書林清話》所載有：岳珂相臺家塾、廖瑩中世綵堂、蜀廣都費氏進修堂、臨安進士孟琪、京台岳氏、建邑王氏世翰堂、建安蔡子文東塾之敬室、瞿源蔡道潛宅墨寶堂、清渭何通直宅萬卷堂、麻沙鎮水南劉仲吉宅、麻沙鎮南齋虞千里、建溪三峰蔡夢弼傅卿家塾、吳興施元之三衢坐嘯齋、王撫幹宅、錦谿張監稅宅、武谿游孝恭德棻登俊齋、廉台田家、吉州東岡劉宅梅溪書院、建安陳彥甫家塾、梅山蔡建侯行父家塾、建安黃善夫宗仁家塾之敬室、建安劉元起家塾之敬室、建安魏仲舉家塾、建安魏仲立宅、建安劉日新宅、吉州周少傅府、祝太傅宅、建寧府麻沙鎮虞叔異宅、秀巖山堂、建安劉叔剛宅、建安王懋甫桂堂、建安曾氏家塾、建安虞氏家塾、眉山文中，眉山程舍人宅、姑蘇鄭定、錢唐王叔邊家、婺州市門巷唐宅、婺州義烏酥溪蔣宅崇知齋、婺州東陽胡倉王宅桂堂、劉氏學禮堂、隱士王氏取瑟堂、畢萬裔宅富學堂、胡元質當涂道院、杭州淨戒院、嚴陵詹義民、茶陵譚叔端等。〔註5〕以上各家偶有誤入者，如：眉山文中，疑或是刻工名氏；麻沙鎮水南劉仲吉宅、南齋虞千里兩家，極有可能是書坊。〔註6〕諸家之中，可以查考者有周少府（周必大）、祝太傅（祝穆）、蔡夢弼、施元之等，其他則無可查考。諸家刻本，以岳珂相台家塾所刻五經爲最著名，後代推爲模範善本。其他如廖瑩中世綵堂刻五經及韓柳集、蜀廣都費氏進修堂刻大字本資治通鑑、建溪三峰蔡夢弼家屬刻史記、建安黃善夫宗仁家塾之敬室刻史記及前漢書、建安魏仲立宅刻新唐書、建安劉叔剛宅刻附釋音毛詩註疏及禮記注疏、眉山程舍人宅刻東都事略、建安魏仲舉家塾刻韓柳集、錢唐王叔邊刻前後漢書，皆極有名。〔註7〕。蔡夢弼家塾刻有《史記集解索隱》，此書標明「三峰樵隱夢弼傅卿校正」，葉德輝謂其乃「家塾刻書之矜慎者」但書中印記「乾道七年」被刻成「乾道七月」，確

〔註4〕王欣夫，《文獻學講義》（台北：台灣商務印書館，民81年），頁197。
〔註5〕同註1，頁77～84。
〔註6〕同註4，頁198。
〔註7〕潘美月，《圖書》（台北：幼獅文化事業公司，民75年），頁70。

實令人難以相信其校勘到底有多嚴謹了。〔註 8〕

宋代坊刻本中最有名的莫過於建安余氏及臨安陳氏，各刻有百十種之多。除此之外，據葉德輝《書林清話》的統計，閩中有：建寧府黃三八郎書鋪、建陽麻沙書坊、建寧書鋪蔡琪純父一經堂、武夷詹光祖月崖書堂、崇川余氏、建寧府陳八郎書鋪、建安江仲達群玉堂。浙中有：杭州大隱坊、臨安府太廟前尹家書籍鋪、杭州錢塘門裏車橋南大街郭宅紙鋪、臨安府金氏、金華雙桂堂。江西有：臨安府新喻吾氏、西蜀崔氏書肆、南劍州雕匠葉昌、咸陽書隱齋、汾陽博濟堂。不詳其地者有：萎斐軒、葛氏傳梫書堂、閩山阮仲猷種德堂。〔註 9〕坊刻中佳者，不亞於公私之精刻，差者，偷工減料，誤文脫簡，以建刻爲多；所謂麻沙本，乃宋版中之下乘。大抵而言，葉德輝對宋坊刻頗有微辭，葉氏云：「其刻本之流傳至今，雖爲人鑒賞，雖雕鏤不如官刻之精，校勘不如家塾之審，收藏家若概以甲本推之，抑亦未免愛無差等矣。」〔註 10〕若從校勘精審的程度來分高下，宋代版刻中，監本居上、地方官刻及家刻本次之，坊刻本最差。

## 二、金代

金代刻書流傳後世者並不多見，只山西平陽府的平水（臨汾縣）較爲有名。由於不當戰爭要衝、設置經籍所且盛產紙張，因而一時書坊印板麕集於此。〔註 11〕當時刻書之所，有官立亦有私人出資，據葉德輝考述，較知名的有：書軒陳氏《銅人腧穴針灸圖經》五卷（大定丙午二十六年當宋淳熙十三年）、李子文《重刊增廣分門類林雜說》十五卷（大定己酉二十九年當宋淳熙十六年）、張謙《新刊圖解校正地理新書》十五卷（明昌壬子三年當宋紹熙三年）、平水中和軒王宅《道德寶章》一卷（正大戊子五年當宋紹定元年）《新刊韻略》五卷（元統甲戌二年）《滏水文集》二十卷（不詳）、晦明軒張宅《經史證類大觀本章》三十卷（泰和甲子四年當宋嘉泰四年）《丹淵集》四十卷拾遺二卷附錄一卷（泰和丙辰六年當宋開禧二年）。平水以外的則有：嵩州福昌孫夏氏書籍鋪《經史證類大全本草》三十一卷《本草衍義》二十卷（貞祐甲戌二年當宋嘉定七年）、碣石趙衍《李賀歌詩編》四卷（無年號丙辰）〔註 12〕

〔註 8〕同註 1，頁 79。
〔註 9〕同註 1，頁 85～88。
〔註 10〕同註 1，頁 88。
〔註 11〕杜邁之、張承宗合著，《葉德輝評傳》（長沙：岳麓書社，西元 1986 年），頁 85。
〔註 12〕同註 1，頁 89～90。

據近人研究，葉德輝未收的金代刻本，尚有：劉敏中所刻之《尚書注疏》（見瞿氏《鐵琴銅劍樓書目》）《毛詩注疏》（見王文進《文祿堂訪書記》），及《邙山偈》《雲笈七籤》《棲霞長春子丘神仙磻溪集》（見王文進《文祿堂訪書記》），《南豐曾子固先生集》《黃帝內經素問》《重編補添分門字苑撮要》《泰和五音新改併類聚四聲篇》《蕭閑老人明秀集注》《崇慶新雕改併五音集韻》《莊子全解》（見北京圖書館《中國印本書籍展覽目錄》）。〔註13〕

現存金代平水刻本不多，依陳宏天研究顯示，有：《南豐曾子固先生集》、《莊子全解》、《劉知遠諸宮調》、《黃帝內經素問》、《重編補添分門字苑撮要》、《蕭閒老人明秀集註》、《新修纍音引證群籍玉篇》、《崇慶新雕改併五音集韻》《趙城藏》及其他一些零星收藏。〔註14〕

平水盛產白麻紙，故金刻本的用紙皆爲白麻紙，且其刊刻的方法與中原有別，左橫彎切直的直筆起刀法是中原地區所不常見的。〔註15〕

## 三、元代

元代書籍與宋代一樣，仍分：官刻、家刻、坊刻三種。

官刻部分，據葉德輝《書林清話》之統計，有：國子監本、興文署本、各路儒學本、郡學本、郡庠本、府學本、儒司本、書院本、太醫院本、官醫提舉本等。〔註16〕國子監本有：小字本《傷寒論》十卷；興文署本有《資治通鑑》二百九十四卷《胡三省通鑑釋文辨誤》十三卷。《資治通鑑》據王國維的考證，因有胡三省注，已是覆刻興文署本。〔註17〕郡學、郡庠名稱雖異，但性質卻同。無錫郡學刻《白虎通義論》十卷《風俗通義》十卷、婺郡學刻《戴侗六書故》三十三卷、嘉興郡學刻宋林至《易裨傳》二卷、福州路三山郡庠刻《通志》二百卷、吳郡庠刻沈樞《通鑑總類》二十卷、吉水郡庠刻劉岳申《申齋劉先生文集》十五卷；其中以福州路三山郡庠所刻之《通志》二百卷爲最著稱。府學本有：贛州路府學刻《南軒易說》三卷。儒司本刻《唐詩鼓吹》十卷。太醫院本、官醫提舉本則專刻醫書，如：太醫院本有《聖濟總錄》二百卷；官醫提舉本部分則有：江西官醫提舉司《世醫得效方》二十

〔註13〕同註4，頁216。

〔註14〕陳宏天，《古籍版本概要》（台北：洪葉文化事業有限公司，民81年），頁70。

〔註15〕同註7，頁96。

〔註16〕同註1，頁90～96。

〔註17〕同註4，頁218。

卷、湖廣官醫提舉《風科集驗名方》二十八卷。〔註 18〕元代官刻書的重點在各路儒學及書院，元朝統治者對興學立教極為重視，十分注意各路儒學的建置及生徒的培養。至元二十八年（西元 1291 年），朝廷命令在其他先儒過化之地、名賢經行之所與好事家出錢粟贍學者，立為書院，以作為正規學校的補充。各路儒學和書院，財力雄厚，又自可著述文字，因而刻書甚多。〔註 19〕各路儒學刻書以大德間九路所刻十七史為最有名，每書均為十行，行二十二字，書口標「××路學」；實際上這十七史只刻十史，南北朝七史則未刻。據葉德輝所云有：太平路刻《漢書》一百二十卷、寧國路刻《後漢書》一百二十卷、瑞州路刻《隋書》八十五卷、建康路刻《新唐書》二百二十五卷、池州路刻《三國志》六十五卷、信州路刻《北史》一百卷《南史》八十卷、杭州路刻《遼史》一百六十卷《金史》一百三十五卷《宋史》四百九十六卷等。現存者有：太平路《漢書》、寧國路《後漢書》、信州路《北史》，其中《後漢書》現藏北京圖書籍，此書蝶裝廣幅，無一補版處，咸稱九路本十史中之最佳刻本。〔註 20〕其他之各路儒學本，目前北京圖書館藏有一批，如：大德十年（西元 1306 年）紹興路儒學刻《吳越春秋音注》十卷、至正元年（西元 1341 年）集慶路儒學刻《樂府詩集》一百卷、全正四年（西元 1344 年）集慶路儒學與溧陽州學、溧水州學合資刻印《金陵新志》十五卷、至正七年（西元 1347 年）福州路儒學刻《樂書》二百卷目錄二十五卷正誤一卷《禮書》一百五十卷；至正十四年（西元 1354 年）嘉興路儒學刻《大戴禮記注》十三卷，十五年（西元 1355 年）又刻《詩外傳》十卷。此皆元代甚為著名之精校精刊本。〔註 21〕書院刻書，據顧炎武《日知錄》稱其善有三：一、山長無事，而勤於校讎；二、不惜費而工精；三、不貯官而易印行。因而書院刻本最好，頗為後人稱道；元代全國有一百二十多個書院所以刻本也最多，較著名的，有：興賢書院、廣信書院、宗文書院、梅溪書院、圓沙書院、西湖書院、蒼巖書院、廬陵武溪書院、龜山書院、建寧建安書院、屏山書院、沙陽豫章書院、南山書院、臨汝書院、桂山書院、梅隱書院、雪窗書院等，其中又以杭州西湖書院為最有名。西湖書院為宋時太學舊址，原藏經史子集之書版多達二十餘萬，幾乎是浙江版刻之總匯。入元之後，杭州刻書猶為諸路之冠，史書及

〔註 18〕同註 16。
〔註 19〕戴南海，《版本學概論》（成都：巴蜀書社，西元 1989 年），頁 454。
〔註 20〕同註 14，頁 72。
〔註 21〕同註 19，頁 454～455。

其他要籍，皆在西湖書院刊行，當時西湖書院存版約一百二十種，印書既多且好。嘉定元年刻馬端臨《文獻通考》三百四十八卷爲元刻本之代表作。〔註22〕此外如臨汝書院之杜佑《通典》二百卷、廣信書院《稼軒長短句》十二卷、圓沙書院《山堂考索》前集六十六卷後集六十五卷續集五十六卷別集二十五卷、武溪書院《新編古今事類聚》前集六十卷後集五十卷續集二十八卷別集三十二卷新集三十六卷外集十五卷遺集十五卷皆相當著名。〔註23〕元代有名爲書院而實則私刻者，如：方向虛谷書院、茶陵東山陳仁子古迂書院、詹氏建陽書院、潘屛山圭山書院、平江路天心橋南劉氏梅谿書院、鄭玉師山書院。〔註24〕

元代私宅刻書之風，也不下於宋。根據葉德輝的統計有：平陽府梁宅、平水許宅、建安鄭明德宅、陳忠甫宅、花谿沈氏家塾、古迂陳氏家塾、雲坡家塾、安成郡彭寅翁崇道精舍、虞氏南谿精舍明復齋、平水曹氏進德齋、存古齋、孫存吾如山家塾益友書堂、平水高昂霄尊賢堂、范氏歲寒堂、復古堂、叢桂堂、嚴氏存耕堂、平陽司家頤眞堂、唐氏齊芳堂、汪氏誠意齋集書堂、余彥國勵賢堂、麻沙劉通判宅仰高堂、精一書舍、熊禾武夷書室、崇川書府、商山書塾、溪山道人田紫芝英淑溪山家塾、平陽道參幕段子成、雲衢張氏、盱南孫氏、建安蔡氏、建安劉承父、建安詹璟、劉震卿、龍山趙氏國寶、劉君佐翠巖精舍、西園精舍、梅軒蔡氏。〔註25〕諸家刻本較著名的有：陳忠甫宅所刻之《楚辭朱子集注》八卷、安成郡彭寅翁崇道精舍《史記集解索隱正義》一百三十卷、孫存吾如山家塾益友書堂《范德機詩集》七卷、范氏歲寒堂《范文正集》二十卷、麻沙劉通判宅仰高堂《纂圖分門類題註荀子》二十卷、平陽府梁宅《論語注疏》二十卷、平水許宅《重修政和經史類證備用本草》三十卷、平水曹氏進德齋《爾雅郭注》三卷《中州集》十卷、平水高昂霄尊賢堂《河汾諸老詩集》八卷、平陽司家頤眞堂《新刊御藥院方》十一卷、平陽道參幕段子成《史記集解附索隱》一百三十一卷等。〔註26〕

元代書坊所刻之書較宋刻尤多，葉德輝以爲「蓋世愈近則傳本多，利愈厚則業者眾，理固然也。」。〔註27〕刻書的書坊，據葉德輝的統計，有：劉錦

〔註22〕同註7，頁455～456。
〔註23〕同註7，頁100～101。
〔註24〕同註1，頁96～97。
〔註25〕同註1，頁97～103。
〔註26〕同註7，頁101。
〔註27〕同註1，頁103。

文日新堂、高氏日新堂、平陽張存惠堂、燕山竇氏活濟堂、建安陳氏餘慶堂、建安朱氏與耕堂、建安同文堂、建安萬卷堂、庥沙萬卷堂、董氏萬卷堂、雲衢會文堂、積慶堂、德星堂、萬玉堂、胡氏古林書堂、日新書堂、梅隱書堂、妃僊陳氏書堂、葉曾南阜書堂、敏德書堂、李氏建安書堂、富沙碧灣吳氏德新書堂、姚谿居敬書堂、廬陵泰宇書堂、積德書堂、雙桂書堂、一山書堂、妃僊興慶書堂、秀岩書堂、雲莊書堂、庥沙劉氏南澗書堂、三衢石林葉敦、書市劉衡甫、聞德坊周家書肆、建陽劉氏書肆、建陽書林、建安虞氏務本書堂、建安清江書堂等。〔註 28〕元代書坊稱堂，建安、杭州等地，書堂成立，但元代之坊刻本精善否？葉德輝云：「大抵有元一代，坊行所刻，無經史大部及諸子善本，惟醫書及帖括經義淺陋之書傳刻最多，由其時朝廷以道學籠絡南人，士子進身儒學，與雜流並進，百年國祚，簡陋成風，觀於所刻之書，可以覘一代之治忽矣。」〔註 29〕葉氏此言甚有見地，元代政經的倒退，反映在雕版印書上，刀法、印紙、校讎、皆甚爲馬虎粗糙，因而坊刻本除醫書、類書、戲曲、雜劇、平話、小說等書籍印製不少外，缺乏經史大部及諸子善本、現存較著名者，有《關大王單刀會》、《趙氏孤兒》、《東坡樂府》、《新刊王氏脈經》、《事林廣記》、《唐韻》、《太平惠民和劑局方》、《靜修先生文集》、《國朝名臣事略》、《趙子昂詩集》等。〔註 30〕

### 四、明代

明代雕版書籍一如宋元，仍分官刻、家刻及坊刻三大類。

官刻推南北國子監爲最盛，但由於明政不綱，刻書出自奄宦之人，宦官學識不高，只一味追求藝術形式，不重內容，故校勘不精，遠不及宋元精善。但諸藩刻本則時有佳構，其因安在？葉氏云：「以其時被賜之書，多有宋元善本，可以繙雕，藩邸王孫又頗好學故也。」〔註 31〕諸藩刻本多數是朝廷賜予之宋元舊槧，他們大可隨意翻雕；藩邸王孫大都優游文史，頗好學術，勤於校讎，此外祖宗餘蔭席豐履厚，因而資雄工精能遠軼時輩。〔註 32〕諸藩府，據葉德輝之統計有：蜀府、寧藩、代府、崇府、肅府、唐府、吉府、晉府寶賢堂、益府、秦府、周藩、徽藩崇德書院、瀋藩、伊府、魯府敏學書院、趙

〔註 28〕同註 1，頁 103～111。
〔註 29〕同註 1，頁 111。
〔註 30〕同註 14，頁 72。
〔註 31〕同註 1，頁 116。
〔註 32〕同註 19，頁 464。

府居敬堂、楚府、遼國寶訓堂、德藩最樂軒、潞藩等。〔註 33〕諸藩所刻書，除見於《書林清話》之外，大都見於周弘祖《古今書刻》。嘉靖年間，晉藩所刻諸總集；萬曆年間，吉藩所刻諸子；崇禎年間，益藩所刻諸茶書，號稱藩府本三大傑作。〔註 34〕諸藩之中，刻書最多者爲吉藩，正德年間刻《賈誼新書》十卷、正統本《四書》二十六卷；萬曆年間刻有《楚辭集注》八卷、《老子道德經》二卷、《關尹子文始眞經》一卷、《亢倉子洞靈眞經》一卷、《文子通玄眞經》一卷、《尸子》一卷、《子華子》二卷、《鬻子》一卷、《墨子》一卷、《公孫龍子》一卷、《鬼谷子》一卷、《列子沖虛眞經》二卷、《莊子南華經》二卷、《荀子》三卷、《揚子》一卷、《文中子》一卷、《抱朴子》二卷、《劉子》一卷、《黃石公素書》一卷、《玄眞子》一卷、《天隱子》一卷、《無能子》一卷。〔註 35〕諸藩之中，刻書較精者有：唐府於成化二十三年所刻之元張伯顏本《文選》六十卷、秦府嘉靖十三年所刻之黃善夫本《史記》一百三十卷、魯府敏學書院嘉靖四十四年所刻之《抱朴子內篇》二十卷、德藩最樂軒所刻之《漢書》一百卷〔註 36〕

明人家刻之書，向爲收藏家所珍賞者，其底本必眞實可靠，其校勘必謹嚴不苟，因而刻書之人必爲知名學者或藏書家。明代家刻本，據葉德輝所述有：豐城游明大昇（翻刻元中統本《史記集解索隱》一百三十卷）、吳郡沈辨之野竹齋（刻《韓詩外傳》十卷）、崑山葉氏菉竹堂（刻《雲仙雜記》十卷）、江陰涂禎（仿宋刻九行本《桓寬鹽鐵論》十卷）、錫山安國桂坡館（刻《顏魯文公集》十五卷、《初學記》三十卷）、震澤王延喆恩褒四世之堂（刻《史記集解索隱正義》一百三十卷）、吳郡金李澤遠堂（刻《國語韋昭解》二十一卷）、吳門龔雷（刻鮑彪校注《戰國策》十卷）、吳郡袁褧嘉趣堂（仿宋刻《大戴禮記》十三卷）、顧春世德堂（刻《六子全書》）、澶淵晁瑮寶文堂（刻《昭德新編》三卷等）南平游居敬（刻《韓柳集》）餘姚聞人詮（刻《舊唐書》二百卷）、金臺汪諒（刻《史記索隱正義》一百三十卷）、福建汪文盛（刻《前後漢書》各一百二十卷）、蘇獻可通津草堂（刻《王充論衡》三十卷）、東吳郭雲鵬濟美堂（刻《分類補注李太白詩集》三十卷等）、俞憲鴸鳴館（刻《西溪叢語》

〔註 33〕同註 1，頁 117～120。

〔註 34〕羅錦堂，《歷代圖書板本志要》（台北：國立編譯館中華叢書編審委員會印行，民 47 年），頁 76。

〔註 35〕同註 1，頁 118。

〔註 36〕同註 7，頁 112~113。

三卷）、東吳徐氏（仿宋刻《儀禮注》十七卷）東吳徐時泰東雅堂（刻宋廖瑩中世綵堂《韓昌黎集》四十卷）、嘉禾項篤壽萬卷堂（刻《鄭端簡奏議》十四卷）、嘉禾項德棻宛委堂（刻元陸友仁《研北雜識》二卷）、馬元調寶儉堂（刻《元稹長慶集》六十卷《白居易長慶集》七十一卷）、鄧渼文遠堂（刻《唐文粹》一百卷）、高承埏稽古堂（刻《劉賓客佳話錄》一卷、《劇談錄》二卷、《雲仙散錄》十卷、《隋唐佳話》三卷）、吳氏西爽堂（刻《晉書》一百三十卷《三國志》六十五卷）、萬玉堂（刻《太玄經》十卷）、吳郡杜詩（刻鮑彪《戰國策校注》十卷）、元和吳元恭（刻《爾雅注》三卷）。〔註 37〕以上諸本，刻書皆有根據，葉氏以為「不啻為宋槧作千萬化身者也」。〔註 38〕至於叢刻書方面，葉德輝以為：顧元慶《四十家文房小說》為最精、胡維新《兩京遺編》次之、程榮《漢魏叢書》又次之。〔註 39〕

明代私刻坊刻之家，由於年代距今較近，存者較宋元為多；多用書院、精舍、書堂等名稱。據葉德輝的統計，書院有：紫陽書院、義陽書院、無錫崇正書院、廣東崇正書院、九峰書院、芸窗書院、鰲峰書院、籍山書院、正學書院、東林書院、龍川書院。精舍有：建溪精舍、詹氏進德精舍、余有堂鳳山精舍、南星精舍、崦西精舍。書堂有：古杭勤德書堂、遵正書堂、廣成書堂、書林魏氏仁實書堂、歙西鮑氏耕讀書堂、玉峰書堂、郃陽書堂、羅氏竹坪書堂、崇仁書堂、劉氏明德書堂、劉氏文明書堂、集賢書堂、陳氏存德書堂、錫山秦氏繡石書堂、崇文書堂、新賢書堂、吳氏玉融書堂。書屋有：南星書屋、許宗魯宜靜書屋、前山書屋、義興沈氏楚山書屋、九州書屋。堂有：梁氏安定堂、善敬堂、鰲峰熊宗立種德堂、葉氏南山堂、書林劉宗器安正堂、皇甫氏世業堂、贛州府清獻堂、南康府六老堂、書林葉一蘭作德堂、雷氏文會堂、浙江葉寶山堂、張之象猗蘭堂、寶雲堂、陳奇泉積善堂、徐守銘寧壽堂、吳公宏寶古堂、新都吳氏樹滋堂、周氏博古堂、董氏萬卷堂、書林龍田劉氏喬山堂、海虞三槐堂、葉益蓀春畫堂、新都吳繼仕熙春堂，熊氏衛生堂、明德堂、雙柏堂、如隱堂。館有：豫章王氏夫容館、翠岩館、潘元度玉峰青霞館、辨疑館、清眞館。齋有：書戶劉洪愼獨齋、顧起經奇字齋、楊氏歸仁齋、純白齋、武林馮紹祖繩武觀妙齋、泊如齋、豫章璩之璞燕石齋、眞如齋、喬可傳寄寄齋、雙甕齋、金陵奎壁齋、單恂淨名齋、歙巖鎮汪濟川

〔註 37〕同註 1，頁 121~127。
〔註 38〕同註 37。
〔註 39〕同註 37。

主一齋、霏玉齋。山房有：徐熥萬竹山房、喬世寧小丘山房、武林馮念祖臥龍山房。草堂有：椒郡伍氏龍池草堂、玉蘭草堂。書林有：書林劉寬、書林余氏、書林龔氏、書林童文舉、書林董思泉、書林詹氏。鋪有：國子監前趙鋪、正陽門內巡警鋪對門金臺書鋪、杭州錢塘門裏車橋南大街郭宅紙鋪。其他牌記者有：藍山書舍、劉氏博濟藥室、維楊資政左室、蔣德盛武林書室、太元書室、尹耕療鶴亭、顧汝達萬玉樓、贛郡蕭氏古翰樓、芙蓉泉屋、東里董氏葼門別墅、龍邱桐源舒伯仁梁溪寓舍、吳興花林東海居士茅一相文霞閣、吳郡顧凝遠詩瘦閣、清平山堂、眾芳書齋、清夢軒、三衢近峰夏相、揚州陳大科、金陵王舉直、金陵周對峰、姑蘇葉氏戊廿、沈啓南。〔註 40〕葉氏所列甚多，但遺漏也不少；大抵而言，明代坊刻仍以福建建陽最盛；刻書最多者，當推劉洪愼獨齋及劉宗器安正堂；安正堂刻書以集部爲多，愼獨齋則以鉅帙著稱，可以比美宋元余氏。〔註 41〕

## 五、清代

清代刻書，據《書林清話》所載，多官刻、家刻與坊刻。

官刻由內府及書院負責，中央集中在內府，刻書處在武英殿。內府刻書情形，葉德輝在《書林清話》卷九〈內府刊欽定諸書〉引述禮親王《嘯亭雜錄》《續錄》言之甚詳。經部有《易經通注》四卷等二十六種；史部有《欽定明史》三百六十卷等六十五種；子部有《御撰資政要覽》三卷等三十六種；集部有《御定全唐詩》九百卷等二十種，由此可見其內府刻書之盛況。〔註 42〕地方政府刻書，多在書院進行，也有私人主持的官刻。據《書林清話》卷九〈國朝阮元刻十三經注疏本之優劣〉載，阮元在嘉慶末年刻江西南昌學官本《十三經注疏》。洪楊亂後，市肆蕩然無存，曾國藩首先在江寧設金陵書局，在揚州設淮南書局，同時杭州、江蘇、武昌紛紛響應。清末官書局之數量如何？《書林清話》並未言及，據近人統計則有三十餘所，如：河北，京都官書局、天津官書局、直隸官書局；山東，皇華書局（濟南）、山東書局；山西，山西官書局（太原）、濬文書局；河南，河南官書局；甘肅，蘭州官書局；湖北，崇文書局（武昌）、湖北官書局；湖南，湖南官書局、思賢書局；江西，江西書局（南昌）；江蘇，江南書局（南京，初名金陵書局）、上海官書局、

〔註 40〕同註 1，頁 127～142。
〔註 41〕同註 4，頁 239。
〔註 42〕同註 1，頁 230～239。

江楚書局（南京）、淮南書局（揚州）、揚州書局、蘇州書局；浙江，浙江書局（杭州）；廣東，廣雅書局、廣東書局、廣州書局、粵東書局、海南書局；福建，福州書局；四川，存古書局、成都書局；雲南，雲南書局。官書局所刻書以經史居多，如「十三經」及「二十四史」。〔註43〕

清初私家刻書較具特色者有三：其一是寫刻本。據《書林清話》卷九〈國朝刻書多名手寫錄亦有自書者〉云：「國初諸人刻書，多倩名手工楷書者爲之」。〔註44〕如：倪霱爲薛熙寫《明文在》；林佶爲王士禛書《漁洋精華錄》、爲汪琬書《堯峰文鈔》爲陳廷敬書《午亭文編》；黃鴻儀爲王士禛書《詩續集》等。〔註45〕乾嘉時以書法擅名的許翰屛，刻書之家如：士禮居黃氏、享帚樓秦氏、平津館孫氏、藝芸書舍汪氏以及張古餘、吳山尊等均延其寫樣。〔註46〕此外如：李福爲士禮居寫明道本《國語》、陸損之爲士禮居寫汪本《隸釋刊誤》；黃丕烈寫《季滄葦書目》等，均極著名。也有自書己集者，如：鄭燮自書《板橋集》、金農自書《冬心集》；其中又以江聲自書《篆字尙書集注音疏》十二卷、《經師系表》一卷、《釋名疏證》八卷《補遺》一卷、張敦仁《草書通鑑補識誤》三卷，爲版刻中別樹一幟。〔註47〕清代私家刻書特色之二爲藏書家覆刻宋元版。清代不管家刻、官刻皆不喜仿宋刻經史，然亦有不少翻刻宋元舊槧，保存古籍文獻。據《書林清話·國朝不仿宋刻經史之缺典》一節所述：張敦仁影刻宋撫州本《禮記鄭注》、和珅刻宋本《禮記注疏》、黃丕烈士禮居刻宋嚴州本《儀禮鄭注》、汪士鐘影刻宋景德本《儀禮單疏》、元泰定本《孝經疏》、汪中影刻宋余仁仲本《春秋公羊解詁》、孔繼涵重刻宋《孟子趙注》諸書、胡克家刻元本《資治通鑑》等。〔註48〕葉德輝漏列者，尙有：涂禎仿刻宋嘉泰本《鹽鐵論》、汪士鐘影刻宋景德本《劉氏詩說》《郡齋讀書志》、胡克家影刻宋淳熙年間池陽郡齋本《文選注》、張海鵬刻《太平御覽》、伍崇曜翻刻元本王象之《輿地紀勝》、黎庶昌輯刻《古逸叢書》、陶氏五柳居刻影寫宋本《太玄經集注》等。〔註49〕另外繆荃孫《雲自在龕叢書》多補刻故書闕文，亦單刻宋元舊本，葉德輝對其甚爲推崇，以爲「雖平津館、

〔註43〕嚴文郁，《中國書籍簡史》（台北：台灣商務印書館，民81年），頁188。
〔註44〕同註1，頁245。
〔註45〕同註44。
〔註46〕同註44。
〔註47〕同註1，頁246。
〔註48〕同註1，頁247。
〔註49〕同註19，頁486。

士禮居不能過之，孫黃復生，當把臂入林矣。」。〔註 50〕清代私家刻書特色之三爲刊刻叢書。《書林清話》卷九〈洪亮吉論藏書有數等〉及〈乾嘉人刻叢書之優劣〉二節中，所累列的私刻叢書，計有：黃丕烈《士禮居叢書》、鮑廷博《知不足齋叢書》、孔繼涵《微波榭叢書》、李文藻《貸園叢書》、阮元《文選樓叢書》、顧修《讀書齋叢書》、李錫齡《惜陰軒叢書》、張海鵬《學津討原》《借月山房彙鈔》《澤古叢鈔》《墨海金壺》、錢熙祚《守山閣叢書》《珠叢別錄》《指海》、楊墨林《連筠簃》、郁松年《宜稼堂叢書》、伍崇曜《粵雅堂叢書》、潘仕誠《海山仙館叢書》、蔣光煦《別下齋》《涉聞梓舊》、錢培名《小萬卷樓叢書》、潘祖蔭《滂喜齋叢書》《功順堂叢書》、姚覲元《咫進齋叢書》、陸心源《十萬卷樓叢書》、丁丙《嘉惠堂叢書》、章壽康《式訓堂叢書》、黎庶昌《古佚叢書》、繆荃孫《雲自在龕叢書》。〔註 51〕此外，《書林清話・納蘭成德刻通志堂經解》之一之二之三三節載：康熙時徐乾學代納蘭成德校輯宋元人經書一百三十九種成《通志堂經解》。〔註 52〕另有一類叢書曰「郡邑叢書」，據《書林清話》卷九〈刻鄉先哲之書〉所載，嘉慶間有：趙紹祖刻《涇川叢書》、宋世犖刻《台州叢書》、祝昌泰刻《浦城遺書》、邵廷烈刻《婁東雜著》。道光朝有：伍元薇刻《嶺南叢書》。同治朝有：胡鳳丹刻《金華叢書》、孫衣言刻《永嘉叢書》。光緒朝有：孫福清刻《檇李遺書》、丁丙刻《武林掌故叢編》《武林先哲遺書》、陸心源刻《湖州先哲遺書》、趙尙輔刻《湖北叢書》、王文灝刻《畿輔叢書》、盛宣懷刻《常州先哲遺書》。葉德輝特別推崇《常州先哲遺書》，因爲該書出自繆荃孫手定，抉擇嚴謹，刻手亦工。〔註 53〕私家刻書，皆能訪求善本，廣羅秘笈，故清代刊刻叢書之數量遠非前代所能相比，保存文獻，其功甚鉅。葉氏所列尙有遺漏者甚多，其數量已無法統計，上海圖書館編有《中國叢書綜錄》三冊，據其估計清代木刻叢書約有二百部以上。〔註 54〕

清代坊刻不若家刻之絢爛，據《書林清話》所述，刻書地區大致以金陵、蘇州、杭州爲主，此三地之刻書業持續繁華，直至同光之交才告衰落，刻書重地轉移至相鄂等地。葉德輝云：「乾嘉時，如盧、鮑、孫、黃、張、秦、顧、阮，

〔註 50〕同註 1，頁 252。
〔註 51〕同註 1，頁 250～252。
〔註 52〕同註 1，頁 242～245。
〔註 53〕同註 1，頁 253。
〔註 54〕同註 43，頁 192。

諸家校刻之書，多出金陵劉文奎、文楷兄弟。咸豐赭寇之亂，市肆蕩然無存，迨乎中興，曾文正首先於江寧設金陵書局，於揚州設淮南書局，同時杭州、江蘇、武昌繼之，既刊讀本十三經，三省又合刊二十四史，天下書板之善，仍推金陵、蘇、杭，自學校一變，而書局並裁，刻書之風移於湘、鄂，而湘尤在鄂先。同、光之交，零陵艾作霖曾為曹鏡初部郎耀湘校刻曾文正公遺書及釋藏經典，撤局後，遂領思賢書局刻書事，主之者張雨山觀察祖同、王葵園閣學先謙、與吾三人。而吾三人之書，大半出其手刻，晚近則鄂之陶子麟，同以工影宋刻本名，江陰繆氏、宜都楊氏、常州盛氏、貴池劉氏所刻諸書，多出陶手，至是金陵、蘇、杭刻書之運終矣。」官書局帶動民間書坊之刻書，但湘、鄂如艾陶者，又苦後繼無人。〔註55〕以後，西法傳入中土，鉛印、石印盛行，書商又集中在上海、蘇州一帶。較有名的書坊，如：上海申報館附設「申昌書室」及「點石齋」；徐雨之開設「同文書局」及「廣百宋齋」；淩陛卿有「鴻文書局」；申報館與點石齋合辦「圖書集成公司」；李木齋辦「蜚英館」；王立才設「開明書店」；何澄一辦「廣智書局」；夏粹芬、張元濟創辦「商務印書館」；廉惠卿開「文明書局」；張季直成立「中國圖書公司」等。〔註56〕

## 第二節　論歷代版刻特點

### 一、宋刻

《書林清話》論宋代版刻之特點甚多，今逐項說明於後：

#### （一）國子監本公開流傳

宋時國子監本允許士人納紙墨錢自印，舉凡官刻書，亦有定價出售。如：北宋本《說文解字》後，有「雍熙三年中書門下牒徐鉉等校定說文解字」，牒文有「許人納紙墨錢收贖」等語。依《書林清話》引用諸家書志所載之諸家牘記可知，其售價甚為低廉，如：明影宋紹興十七年刻《王黃州小畜集》三十卷前記一則云：「黃興契勘諸路州軍，間有印書籍去處，竊見王黃州小畜集，文章典雅，有益後學，所在未曾開板，今得舊本計壹拾陸萬參仟捌百肆拾捌字，檢准紹興令諸私雕印文書，先納所屬申轉運司選官詳定，有益學者聽印行，除依上條申明施行，今具雕造小畜集一部，共捌冊，計肆佰參拾貳版，

〔註55〕同註1，頁253～254。
〔註56〕同註43，頁193。

合用紙墨工價下項印書紙並副板肆佰肆拾捌張，表背碧青紙壹拾壹張，大紙捌張，共錢貳佰陸拾文足，賃板棧墨錢伍百文足，裝印工食錢肆佰參拾文足，除印書紙外共計壹貫壹佰參拾陸文足，見成出賣，每部價錢伍貫文省，右具如前，紹興十七年七月日。」，可見當時士大夫便益學者推廣文化之心，誠非一般射利之俗吏所能企及。〔註 57〕國子監除刻經史外，最重醫書且聽人購買，如：《千金翼方》、《金匱要略方》、《王氏脈經》、《補註本草》、《圖經本草》等准予購買。〔註 58〕

### （二）注疏合刻在南北宋之間

北宋刻經注疏皆單行，葉氏以為合注於疏當在南北宋之問，據森立之《經籍訪古志．宋槧尚書注疏二十卷》引三山黃唐題識云：「六經疏義，自京、監、蜀本皆省正文及注，又篇章散亂，覽者病焉，本司舊刊易、書、周禮，正經注疏，萃見一書，便於披繹，它經獨闕。紹興辛亥仲冬，唐備員司庾遂取毛詩、禮記疏義，如前三經編彙，精加讎正，用鋟諸木，庶廣前人之所未備，乃若春秋一經，顧力未暇，姑以貽同志云。壬子秋八月三山黃唐謹識。」可見正經注疏萃見一書，當時已見，是能便於讀者之披繹。〔註 59〕《書林清話》透過考證，主張阮元的說法以為註疏合刻當在南北宋之間，其說甚似。然葉謂黃唐跋文中之「紹熙」應作「紹興」則大誤。屈萬里在〈十三經注疏版刻述略〉一文中，對此有詳細的討論，茲不贅述。〔註 60〕

### （三）刻書已有圈點句讀

葉氏考證，南宋以後的刻本書已有圈點，如：宋版西山先生真文忠公《文章正宗》二十四卷，旁有句讀圈點；宋刻呂祖謙《古文關鍵》二卷即經劉辰翁批點過，書中皆有墨圈點注。劉辰翁一生評點之書甚多，方回亦好評點唐宋人說部詩集，仿估刻之射利，士林靡然從風。〔註 61〕

### （四）私刻之禁止書籍翻版

我國舊時雖無出版法之範限，但書籍翻板，宋以來即有禁例。如五松閣仿宋程舍人宅刻本王偁《東都事略》一百三十卷，目錄後有長方牌記云：

---

〔註 57〕同註 1，頁 143～144。

〔註 58〕同註 1，頁 148。

〔註 59〕同註 1，頁 146。

〔註 60〕屈萬里，〈十三經注疏版刻述略〉，王秋桂、王國良合編，《中國圖書文獻學論集》（台北：明文書局，民 75 年），頁 302。

〔註 61〕同註 1，頁 33～34。

「眉山程舍人宅刊行，已申上司，不許覆板。」，據此可見古時已有在官府立案禁人翻板的事實，不過此項禁例，只限於當時不准翻刻，等時過境遷，版權繼承無人，也就少有人過問。〔註 62〕宋槧本祝穆《方輿勝覽前集四十三卷後集七卷續集二十卷拾遺一卷》自序後有兩浙轉運司錄曰：「據祝太傅宅幹人吳吉狀：本宅見刊方輿勝覽及四六寶苑、事文類聚凡數書，並係本宅貢士私自編輯，積歲辛勤，今來雕板，所費浩瀚，竊恐書市嗜利之徒，輒將上件書版翻開，或改換名目，或以節略輿地紀勝等書爲名，翻開攙奪，致本宅徒勞心力，枉費錢本，委實切害，照得雕書。合經使台申明，乞行約束，庶絕翻板之患，乞給榜下衢婺州雕書籍處張掛曉示，如有此色，容本宅陳告，乞追人毀版，斷治施行，奉台判，備榜須至指揮。右今出榜衢婺州雕書籍去處張掛曉示，各令知悉，如有似此之人，仰經所屬陳告追究，毀版施行，故榜。嘉熙貳年拾貳月。日榜。衢婺州雕書籍去處張掛。轉運副使曾。台押。福建路轉運司狀，乞給榜約束所屬，不得翻開上件書版，並同前式，更不再錄白。」〔註 63〕又舊鈔本宋段昌武《叢桂毛詩集解》三十卷，前有行在國子監禁止翻版公據曰：「行在國子監據迪功郎新贛州會昌縣丞段維清狀：維清先叔朝奉昌武，以詩經而兩魁秋貢，以累舉而擢第春宮，學者咸宗師之。印山羅史君嘗遣其子姪來學，先叔以毛氏詩口講指畫，筆以成編，本之東萊詩紀，參以晦庵詩傳，以至近世諸儒，一話一言，苟足發明，率以錄焉，名曰叢桂毛詩集解，獨羅氏得其繕本，校讎最爲精密。今其姪漕貢鋟梓以廣其傳，維清竊惟先叔刻志窮經，平生精力，畢於此書，倘若其他書肆嗜利翻板，則必竄易首尾，增損音義，非惟有辜罪貢士鋟梓之意，亦重爲先叔明經之玷。今狀披陳，乞備牒兩浙福建路運司備詞約束，乞給據付羅貢士爲照，未敢自專，伏候台旨，呈奉台判牒，仍給本監，除已備牒兩浙路福建路運司備詞約束所屬書肆，取責知委文狀回申外，如有不遵約束違戾之人，仰執此經所屬陳乞，追板劈毀，斷罪施行，須至給據者。右出給公據付罪貢士收執照應。淳祐八年七月日給。」〔註 64〕葉德輝認爲此等括帖之書，本無關於功令，當時幹人門人採此作爲只不過是意圖壟斷漁利，假官牒文字以遂其罔利之私罷了，其他官刻諸書，則從來無此

〔註62〕陳國慶，〈版本的名稱〉，王國良、王秋桂合編，《中國圖書文獻學論集》（台北：明文書局，民 75 年），頁 270。

〔註63〕同註 1，頁 36～37。

〔註64〕同註 63。

禁例，如：雍熙三年敕准雕印許慎《說文解字》、乾興元年補刻《後漢志》等末附中書門下牒文；紹興三年開雕《千金翼方》、《金匱要略方》、《王氏脈經》、《補注本草》、《圖經本草》等五件醫書末附國子監牒文，紹興壬子福建庾司刻《六經疏義》後載三山黃唐識語，嘉定丙子興國軍學刻《五經聞人模書後》等，大都敘述刻書之由，並無禁人翻板之語，葉氏以爲此舉乃「一二私家刻書，陳乞地方有司禁約書坊翻板，並非戴在令申，人人之所必遵，特有力之家，聲氣廣通，可以得行其志耳。」〔註 65〕但此風一開，元以來之私塾刻書，遂相沿以爲律例。

## （五）宋人刻本多有刻書牌記

宋人刻書，往往於書之首尾或序後、目錄後，刻一墨圖記或牌記，以其外墨闌環之亦謂之「墨圍」；以其形式如碑，又謂之「碑牌」。牌記之文，有詳有略，《書林清話》引述諸家書志之記載，今略舉例於下，詳者，如：宋刊《春秋經傳集解》三十卷篇末有墨圖識語八行云：「謹依監本寫作大字，附以釋文，三復校正刊行，如履通衢，了無窒礙處，誠可嘉矣，兼引圖表於卷首，迹夫唐、虞、三代之本末源流，雖千載之久，豁然如一日矣，其明經之指南歟，以是衍傳，願垂清鑒，淳熙柔兆涒灘中夏初吉，閩山阮仲猷種德堂刊」；宋麻沙本《纂圖互注揚子法言》十卷後有木記云：「本宅今將監本四子纂圖互注附入重言重意，精加校正，茲無訛謬，謄作大字刊行，務令學者得以參考，互相發明，誠爲益之大也，建安謹咨。」。略者，如：宋刊本《新編近時十便良方》十卷末有墨圖記云：「萬卷堂作十三行大字刊行，庶便檢用，請詳鑒。」；宋建安魏仲立刻《新唐書》二百五十卷目後有牌記云：「建安魏仲立宅刊行，士大夫幸詳察之。」亦有至簡者，如：蔡琪刻《後漢書》一百二十卷目錄後有碑牌云：「時嘉定戊辰季春既望，蔡琪純父謹咨」，此牌記不言事實，但記年月，而曰「謹咨」，誠不如其究爲何義，大抵此類牌記，見於坊肆刻本者居多，一如當今書店之出版廣告。也有近於官刻者，如：宋刊本胡致堂先生《讀史管見》八十卷目後刻有長木記四行：「旹淳熙壬寅中夏既望，刊修於州治之中和堂，奉議郎簽書平海軍節度判官廳公事兼南外宗正簿賜緋魚袋胡大正謹職」。元明以後的坊刻，出現在各家目錄題跋者，大抵不出詳略此二種型態。〔註 66〕

---

〔註 65〕同註 1，頁 40～41。
〔註 66〕同註 1，頁 152～153。

### （六）版刻字體多採歐柳顏體

宋代版刻字體，大多採用歐陽詢、柳公權、顏眞卿等書法名家的字體，葉德輝云：「宋時刻書，多歐、柳、顏體字，故流傳至今，人爭寶藏。」〔註 67〕另《書林清話》卷六〈宋刻書著名之寶〉條云：「宋板書自來爲人珍貴者，一兩漢書，一文選，一杜詩，均爲元趙文敏松雪齋故物。兩漢書牒文前葉有文敏小像，明時歸王弇州世貞，跋稱：『班范二漢書，桑皮紙白潔如玉，四傍寬廣，字大者如錢，絕有歐、柳筆法。細書絲髮膚緻，墨色精純，奚潘流瀋，蓋自眞宗朝刻之祕閣，特賜兩府。』」〔註 68〕又卷二〈刻書分宋元體字之始〉條云：「今世刻書字體，有一種橫輕直重字，謂之爲宋字……世皆不得其緣起，吾謂北宋蜀刻經史及官刻監本諸書，其字皆顏、柳體；其人皆能書之人；其時家塾書坊雖不能一致，大都筆法整齊，氣味古樸，如瞿目影鈔宋本古文苑九卷，孫岷自手跋曰：趙凡夫藏宋刻古文苑一部，紙墨鮮明，字畫端楷，靈均鈎摹一本，友人葉林宗見而異之，亦錄成一冊，藏之家塾，辛巳夏同陸敕先假歸，分諸童子，三日夜鈔畢，但存其款式耳，其宋字形體，葉本已失之也。又黃記殘宋刻本禮記二十卷所云：字畫整齊，楮墨精雅。又宋刻本史載之方二卷所云：字畫斬方，神氣肅穆。又校宋鈔本春秋繁露十七卷所云：鈔本爲影宋，字畫斬方，一筆不苟。又殘宋刻本圖書見聞志六卷所云：字畫方板，南宋書棚本如許丁卯羅昭諫唐人諸集，字畫方板皆如是也。」〔註 69〕葉德輝引用諸家書目題跋說明一件事實：南宋時已開今日宋體之風。

大抵而言採用書體也隨地區之風尚而有所不同，如：兩浙之陳氏書籍鋪及廖氏世綵堂崇歐，福建建安黃善夫崇柳，四川成都和眉山則仿顏。宋刻本雖多此三體字，但也有本人手書以上版者，如：宋刊本吳說編《古今絕句》三卷、宋岳珂《玉楮詩稿》八卷、楊次山《歷代故事》十二卷等皆親自手書付刊，至於宋本《文苑英華》一千卷出自一人手書，殊爲難得。〔註 70〕

### （七）宋刻紙墨精善

宋刻紙墨俱佳。《書林清話》卷六引高濂〈燕閒清賞箋論藏書〉云：「藏書以宋刻爲善，宋人之書，紙堅刻軟，字畫如寫。格用單邊，間多諱字，用墨稀薄，雖著水濕燥無湮跡，開卷一種書香，自生異味，元刻仿宋，單邊，

〔註 67〕同註 1，頁 154。
〔註 68〕同註 1，頁 155。
〔註 69〕同註 1，頁 34～35。
〔註 70〕同註 1，頁 154。

字畫不分粗細，較宋邊條闊多一線，紙鬆刻硬，用墨穢濁，中無諱字，開卷了無臭味。有種官券殘紙，背印更惡，宋板書以活襯紙爲佳，而蠶繭紙、鵠白紙、藤紙固美，而存遺不廣，若粘褙宋書則不佳矣」。又引孫從添《藏書紀要》云：「若果南北宋刻本，紙質羅紋不同，字畫刻手古勁而雅，墨氣香淡，紙色蒼潤，展卷便有驚人之處，所謂墨香紙潤，秀雅古勁，宋刻之妙盡之矣。」〔註 71〕由此可見宋刻紙墨是何等美善。蓋有宋一代文化昌盛，物力豐阜，工藝精美，非後世刻書所能望其項背。

天祿琳琅對宋版諸紙墨之詳價亦甚高。如評宋版《司馬光資治通鑑考異》三十卷：「字體渾穆，具顏、柳筆意，紙質薄如蟬翼，而文理堅緻。」；宋版《南華眞經》十卷：「字畫倍加纖朗，紙質墨光亦極瑩緻。」；《新刊詁訓唐昌黎先生文集》四十卷：「此書字精紙潔，刻印俱佳」。〔註 72〕另《書林清話》卷六〈宋刻書著名之寶〉言及宋版《文選》，董其昌評爲：「紙質如玉，墨光如漆。」〔註 73〕

### （八）宋人抄書印書之用紙

《書林清話》卷八〈宋元明印書用公牘紙背及各項舊紙〉條云：「宋時印書，多用故紙反背印之，而公牘尤多。」〔註 74〕如：《北山集》四十卷，程俱致道撰，用故紙刷印，錢少詹有跋云：「驗其紙背皆乾道六年官司簿帳，其印記文可辨者，曰湖州司理院新朱記，曰湖州戶部贍軍酒庫記，曰湖州監在城酒務朱記，曰湖州司獄朱記，曰烏程縣印，曰歸安縣印，曰湖州都商稅務朱記。」；聊城楊氏海源閣仿宋刻《花間集》十卷，王鵬運跋云：「系用淳熙十一十二等年冊子紙印行，其紙背官銜略可辨識者，曰儒林郎觀察支使措置酒務施，成忠郎在城酒務賈……成義郎添差本州排岸差監本津關發收稅劉，信義郎本州准備差使監公使庫朱，除江夏縣丞鄂州司戶參軍二官，餘皆添差官，此書其刻於鄂州乎？」。此外如：宋刊本《洪氏集驗方》五卷，其書以淳熙七、八兩年官冊紙背所印；宋紹興本《集古文韻》五卷，紙背大半是開禧元年黃州諸官致黃州教授書紙；影宋鈔本《方言》十三卷，紙背是南宋樞府諸公交承啓箚；宋巾箱本《歐陽先生文粹》五卷，紙背有宋時公牘並鈐宋印。〔註 75〕

〔註 71〕同註 1，頁 161。
〔註 72〕同註 1，頁 162。
〔註 73〕同註 1，頁 156。
〔註 74〕同註 1，頁 224。
〔註 75〕同註 1，頁 225～226。

宋版書用紙亦喜鈐造紙家印記，據葉德輝稱：《唐書》二百二十五卷，嘉祐五年提舉曾公亮等奉敕刊印，紙堅緻瑩潔，每頁有「武侯之裔」篆文紅印在紙背者，此十之九似是造紙家印記。另宋刻《西漢文類》五卷殘本，紙面鈐「清遠堂」三字朱記，「清遠堂」當是南宋時之紙鋪號。〔註 76〕

宋時印書紙，有一種椒紙可以防蠹。《書林清話》卷六云：「椒紙者，謂以椒染紙，取其可以殺蟲，永無蠹蝕之患也，其紙若古金粟錢，但較牋更薄而有光，以手揭之，力頗堅固。」〔註 77〕葉德輝藏書中，陸佃《埤雅》二十卷，及《史記》表傳數卷，便是以此紙印成，歷久如新，無一蠹傷蟲蛀之處。天祿琳琅後編三宋版類，《春秋經傳集解》三十卷，杜預後序，又刻印記云：「淳熙三年四月十七日左郎司局內曹掌典秦玉禎等奏聞，壁經、春秋、左傳、國語、史語等書，多爲蠹魚傷牘，不敢備進上覽，奉敕用棗木椒紙各造十部，四年九月進覽，監造臣曹棟校梓，司局臣郭慶驗牘。」由此足可證明宋代印書確是用椒紙以防蠹傷。〔註 78〕

宋人鈔書印書之紙，據《書林清話》所述，有：澄心紙、雞林紙、鄂州蒲圻縣紙、撫州萆鈔紙等。澄心紙，爲江南李後主所監製，紙製大佳而幅度低狹，宋人仿造者，唯監中印本用之，私刻、坊刻因價格太貴，多不用。雞林紙，紙極堅厚，背面光澤如一可兩面，如《治平類篇》一部四十卷，便是以此紙製成。湖北蒲圻紙，厚薄緊慢皆得中，爲傳書者所尙；南宋時抄書喜用撫州萆鈔紙，廖群玉九經本即用此紙印造。〔註 79〕

### （九）宋板行字之疏密

宋板書行字之疏密，據葉德輝考證，行少者每半葉四行，行八字，如寶祐五年陳蘭森所刻之《干祿字書》。行多者每半葉二十行，行二十七八字至三十字不等，如南宋版九經白文。〔註 80〕江標著有《宋元行格表》二卷，葉德輝校補，刻於長沙，言版片者可奉爲枕中鴻寶。

### （十）宋版書之缺點

葉德輝指出宋版書之缺點有諸，今分敘於後：

宋版書的缺點之一爲：刻書字句不與古本盡同。《書林清話》卷六〈宋刻

〔註 76〕同註 1，頁 163。
〔註 77〕同註 1，頁 163～164。
〔註 78〕同註 76。
〔註 79〕同註 1，頁 165～166。
〔註 80〕同註 1，頁 160。

書字句不盡同古本〉云：「藏書貴宋本，人人知之矣，然宋本亦有不盡可據者。經如四書朱注本，不合於單注單疏也，其他易程傳、書蔡傳、詩集傳、春秋胡傳，其經文沿誤，大都異於唐、蜀石經及北宋蜀刻，宋以來儒者但求義理，於字句多不校勘，其書即屬宋版精雕，衹可爲賞玩之資，不足供校讎之用。」〔註 81〕此因宋版所據多非古本，故不利於校讎。如建安余氏所刻之書，承監本、司、漕本之舊，因而與俗本無異。北宋蜀刻諸經之可貴，在於其源出唐、蜀石經。《書林清話》卷六〈宋版書多訛舛〉一節，葉德輝更具體指出宋版書校讎不善之例，如：《白虎建德論》宋刻二卷本，開卷即譌「通德」爲「建德」；宋刻《任淵注山谷黃先生大全詩注》二十卷，前序稱「紹興鄱陽許尹敘」紹興下脫年月。另宋阮仲猷《種德堂本春秋經傳集解》前牌子方印文「了無窒礙」，「窒」誤作「室」。〔註 82〕因此，宋版宋必盡是，當知所辨別，不可佞宋。

宋版書另一缺點爲：互注纂圖之陋。依《書林清話》所述，宋刻經子，凡是有「纂圖」「互注」「重言」「重意」標題者，大都出於坊刻，以供士人帖括之用。所謂互注，則在原注之中多引四書五經及諸子百家習見之語，未能有所發明；所謂重言，就是把同一書中重複出現的詞語，注明曾在該書中哪一篇出現；所謂重意，亦即同義異詞者，注出在本書何處出現。此種注疏方法，本意是輯綴起來增加全文的聯繫，以便於讀者理解，但由於校勘不精，錯字連篇，反致弄巧成拙。〔註 83〕葉德輝將具有這些特質的書，提供大家參考，經有：南宋刻巾箱本《纂圖附釋音重言重意互註周易》九卷、《纂圖附釋音重意重言互註尚書》十三卷、婺州本《點校重言重意互注尚書》十三卷、監本《纂圖重言重意互註點校尚書》十三卷、監本《纂圖重言重意互註點校毛詩》二十卷、宋麻沙坊本《附釋音纂圖重言重意互註毛詩》二十卷（附毛詩舉要圖、毛詩篇目）、京本《附釋音纂圖互註重言重意周禮》十二卷、宋巾箱本《纂圖附音重言重意互注周禮鄭注》十二卷、京本《點校附音重言重意互注禮記》二十卷、監本《纂圖重言重意互注禮記》二十冊、南宋麻沙本《纂圖互註禮記》二十卷、《禮記舉要圖》一卷、京本《纂圖附音重言重意互註春秋經傳集解》三十卷、監本《纂圖春秋經傳集解》三十卷、監本《纂圖重言重意互注論語》二十卷。子有：《纂圖互註荀子》二十卷、《纂圖互注揚子法言》十卷、《纂圖互注老子道德經》二卷、《纂圖互注南華眞經》十卷、《纂圖

〔註 81〕同註 1，頁 157。
〔註 82〕同註 1，頁 158。
〔註 83〕同註 19，頁 448。

互注列子沖虛至德眞經》八卷、《纂圖互註文中子》十卷。〔註 84〕這些書籍出有附圖，正文删略甚多，是當時坊估重刻之雜湊，其陋可想而知。〔註 85〕

## 二、元刻

### （一）元刻之字體

元代刻書，除少數刻本繼承宋版特色，重視歐、顏、柳書法外，大都喜用趙孟頫（松雪）字體。《書林清話》之引證如下：〔註 86〕

徐康《前塵夢影錄》云：「元代不但士大夫競學趙書，如鮮于困學、康里子山；即方外如伯雨輩亦刻意力追，且各存自己面目。其時如官本刻經史，私家刻詩文集，亦皆摹吳興體。至明初吳中四傑高、楊、張、徐，尚沿其法。即刊板所見，如茅山志，周府袖珍方，皆狹行細字，宛然元刻，字形仍作趙體。沿至匏庵家藏集、東里文集、仍不失元人遺意。至正德時，愼獨齋本文獻通考細字本，遠勝元人舊刻，大字巨冊，僅壯觀耳。」

《天祿琳琅》六〈歐陽文忠公集一百五十三卷年譜一卷附錄五卷〉條云：「此書字法，規仿鷗波，深得其妙。觀其橅印之精，非好古者不能爲此。」

黃丕烈《士禮居藏書記．元本稼軒長短句》條云：「是書舊刻，純乎元人松雪翁書。」；又校元本張認庵跋云：「大德刊本，大字行書，流麗娟秀，如松雪翁體。」

瞿鏞《鐵琴銅劍樓書目．元刊本曹伯啓漢泉曹文貞公詩集》條云：「國子生浚儀胡益編錄，寫刻甚精，書法似趙文敏，殆即益所書也。」

凡此種種皆可見當時盛行趙書字體，因而連刻書字體也受其影響。此外《書林清話》卷二〈刻書分宋元體之始〉云：「陸續跋宋槧宋印建本北史一百卷，光宗時刊本，所云字體秀勁，此已近於今日之元體字。而有元一代官私刻本，尙若趙松雪字，此則元體字之所濫觴。」可見趙體字是元體字之代表字體。趙孟頫，篆、籀、分、隸、眞、行、草書無不冠絕古今，其書法之特徵，依近人之研究可歸納成如下數點：（一）具有秀媚圓活的風格。（二）筆畫圓潤清秀，結構端正謹嚴，運筆流利娟秀，惟筆力怯弱、軟滑，變化較少。（三）趙體多摹倣王羲之，其正楷帶有行書筆意，以致筆墨如鐵線綰成。（四）橫畫收筆，轉折拐彎，皆極圓滑自然，並不用力一頓；而橫畫收筆迴峰，往

〔註 84〕同註 1，頁 148～151。
〔註 85〕同註 84。
〔註 86〕同註 1，頁 173～174。

往往有露出筆畫外，藏不住鋒者。〔註 87〕至元五年揚州路儒學所刻之《石田先生文集》便是此中之代表。〔註 88〕

（二）元刻書多名手寫

元代刻書多出自名手寫字。依據葉德輝參考諸家書目題跋所得，如：《山海經》十八卷「用筆整嚴，在元刻中洵爲善本」「刻畫清峭，當爲元版之佳者」；曾鞏《元豐類稿》五十卷「書法槧手，俱極古雅，麻紙濃厚，摹印精工，爲元刻之上乘」；《歐陽文忠公集》一百五十三卷「槧法精朗，紙墨俱佳，元版中甲觀」，周伯琦《六書正譌》五卷「篆文圓勁楷書遒麗，蓋以伯溫手書上版者」元刊本吳萊淵穎《吳先生集》十二卷「末有金華後學宋璲謄寫一行，璲工四體書，此書爲其手寫，古雅可愛，尤足珍也」；元刊本《劉大彬茅山志》十五卷「胡儼序謂原本爲張雨所書，至爲精潔」。因此，葉德輝以爲：「此類元刻，其工者足與宋槧相頡頏，特以時代論，不免有高下之見耳。」葉德輝十分稱許陸心源《皕宋樓藏書志》所提到的元本俞琰《周易集說》不分卷上下經彖傳爲其孫貞木楨、植繕寫一事，葉德輝以爲這是千古佳話，是宋元以來所罕見者。〔註 89〕

（三）元時刻書之經費及工價

元時官刻書，依葉德輝考述，是由下陳請，其經費多由中書省行江浙等路，有錢糧學校贍學田款內開支；有徑由各省守鎮分司，呈請本道肅政廉訪使行文本路總管府事下儒學者；有由中書省所屬呈請奉准施行，展轉經翰林國史院禮部詳議照准行文各路者。其執行方式，據《書林清話》所載，今試舉二例：其由國子學，呈本監牒呈中書省行浙東道宣慰使司都元帥府，分派各路儒學召工開雕者，如至元三年慶元路之刻《玉海》二百卷；其由翰林國史院待制奉編修各官，呈本院詳准呈中書省箚付禮部議准，仍由中書省行江浙等處，行中書省下杭州路西湖書院開雕者，如至正二年杭州路之刻蘇天爵《國朝文類》七十卷。由此可知，其執行程序之井然有理，但也透露一個訊息，那就是：元代因江南學田之贍足，諸人呈請發刻，未免徇私，書籍之刊刻也流於濫費。〔註 90〕

〔註 87〕李清志，《古書版本鑑定研究》（台北：文史哲出版社，民 75 年），頁 61。
〔註 88〕同註 14，頁 73。
〔註 89〕同註 1，頁 175。
〔註 90〕同註 1，頁 176。

元代刻書之工價甚爲昂貴。依《書林清話》考證結果，如：元張鉉《金陵新志》十五卷，其刻價如果以五十兩一錠計算，則需實銀七千一百柒十玖兩捌錢九分玖釐，每卷合用銀四百四十餘兩。古今刻書之工價，恐未有貴於此者。葉德輝以爲，即以五兩一錠計算，也需實銀七百四十四兩捌錢玖分玖釐，以區區十五卷之書似不應有如許之刻價。〔註 91〕不禁令人懷疑，莫非人謀不臧，浮支冒領之情況甚爲嚴重所致。元代之不綱，由此可見。

### 三、明刻

#### （一）明初刻本亂改之迹較少

明刻書籍可與宋元並駕齊驅者，當推明初黑口本，起因於明初刻本亂改之迹較少。《書林清話》卷五〈明時諸藩府刻書之盛〉云：「明時官刻書，推南北監本爲最盛。南監多存宋監、元路學舊板，其無正德以後修補者，品不亞於宋元。」〔註 92〕由於宋監、元路學舊板，在明初還甚完好，因而尚未遭明人惡習所破壞，刻印甚佳。

#### （二）明代刻書之工價

明代刻書工價甚廉。《書林清話‧明時刻書工價之廉》一節，葉德輝曾參考諸志列出實際價碼，如：明嘉靖甲寅嶺南張泰刻《豫章羅先生文集》，每葉壹錢五分；毛氏廣招刻工，以十三經十七史爲主，當時銀串每兩不及七百文，三分銀刻一百字，每百字僅二十文。葉德輝比較明清兩代工價，以爲清代刻書視明末刻書已增一倍。低廉的工價，其結果極有可能是訛謬不可收拾。〔註 93〕

#### （三）明代書刻並工者

明人刻書也有極其愼重，必載寫書生姓名，書刻並工者。依葉德輝考述，如：《天祿琳琅後編》載明版《文心雕龍》，末刻「吳人鳳繕寫、弘治問衢州推官賀志同刻」；《續博物志》十卷，卷末有「開化庠生方衛謹錄」一行；《張志》《瞿目》載《楊維楨鐵崖文集》五卷，卷末有「姑蘇楊鳳書於揚州之正誼書院」一行；《孫記》載明版《論衡》三十卷，板心有「通津草堂」四字，卷末後有「周慈寫、陸奎刻」六字；《丁志》《繆記》載明嘉靖王敦祥刻《王梱野客叢書》三十卷，卷末有「長洲吳曜書黃周賢等刻」兩行，板心亦有黃周賢、嚴椿等刻工姓名。《繆續記》載明崇禎庚辰葉益蓀春書堂刻《陶靖節集》

---

〔註 91〕同註 1，頁 178。
〔註 92〕同註 1，頁 116。
〔註 93〕同註 1，頁 185～186。

六卷，板心有「春書堂」三字，「葉З蓀、林異卿手書上版」。〔註 94〕由此可知，並非明刻皆不可取。

（四）明刻之裝訂

明人裝訂書籍，不解用大刀逐本裝訂，往往截完一本再截第二本，所以同一部書的各本刀口，往往不齊。葉德輝云：「吾藏明邱濬大學衍義補，爲成化初刻小字本，書用藍褾紙面，內用紙捻鈐訂之。書之長短寬窄，微有出入，可悟其非一刀直截，然此猶冊本多之書也。又有萬曆乙酉郭子章序刻之秦漢圖記，書僅二本，裝釘如大學衍義補，而大小參差不齊，是亦可證明人截書，一本爲一本，推而至於宋元本，亦無不然。」〔註 95〕證以北京圖書館所藏宋元殘冊，葉氏所言確是事實。

（五）明人印書之用紙

明人印書一如宋元，多用公牘紙背及各項舊紙。據《書林清話》卷八〈宋元明印書用公牘紙背及各項舊紙〉載：明刻本《僑吳集》十二卷，其紙背皆明人箋翰簡帖；明翻宋本《李端詩集》三卷，用弘治元年至四年蘇州府官冊紙背所印；宋刊元修明印本《國語》二十一卷，則以成化二十餘年冊紙印行。〔註 96〕

（六）明代官刻只准翻刻

明代官刻書不准另刻只准翻刻。據葉德輝考述，起因於閩中所刻五經四書，舊刻頗稱善本，惜書坊射利，改刻袖珍等版，款制褊狹，字多差訛，如：「選與」訛作「巽語」，「由古」訛作「猶古」，不但有誤初學，士子參加考試，訛寫被黜，爲誤亦甚，因而當時提刑按察司嚴格要求地方政府，不許違反官式另自改刊，如有違謬，拿問重罪，追板劃毀，決不輕貸，足見明代法制之嚴，刻書之愼。〔註 97〕

（七）明代版刻之校勘不精

明代版刻之一大缺點是校勘不精。主因有二，其一刻書之濫。據《書林清話》卷七〈明時書帕本之謬〉稱：明時官吏奉使出差，回京必刻一書，以一書一帕相餽贈，世即謂之「書帕本」，將書做爲應酬之工具及手段，因而刻工精緻者並不多見。故葉德輝云：「按明時官出俸錢刻書，本緣宋漕司郡齋好

〔註 94〕同註 1，頁 186～187。
〔註 95〕同註 1，頁 188。
〔註 96〕同註 1，頁 226。
〔註 97〕同註 1，頁 179～180。

事之習，然校勘不善，訛謬滋多，至今藏書家，均視當時書帳本比之經廠坊肆，名低價錢，殆有過之，然則昔人所謂刻一書而書亡者，明人固不得辭其咎矣」〔註 98〕葉氏所論，洵爲至言。

其二爲明南監罰諸生修板以至草率不堪。據葉德輝稱：南監諸史本合宋監及元各路儒學板湊合而成，由於年久漫漶，罰諸生補修，以至草率不堪，並脫葉相連亦不知其誤。其實，南監板片，皆有舊本可仿，好好經營，亦甚可貴，惜執行者任其板式凌雜，字體時方時圓，兼之刻成不復細勘，致令訛謬百出。因而葉氏以爲「監本即不燬於江寧藩庫之火，其書雖至今流傳，亦等於書帕坊行，不足貴重矣。」〔註 99〕南監本如此，北監本又如何呢？北監本是據南監本重刻，其狀況之壞可想而知。

**（八）明人刻書之惡習**

明人刻書惡習甚多，據葉德輝的說法分析於後：

其一，羼雜己注竄亂原文。《書林清話．明人不知刻書》曾舉證數例：《林和靖先生詩集》一書舊題「送范寺丞仲淹」今改爲「送范仲淹寺丞」已非古人之意。《詩話總龜前集》本名《詩總》，今改爲此名，刊者也由原來之月窗道人改爲阮一閱。針對此事，葉德輝引胡仔《苕溪漁隱叢話．序》曰：「其書前集分四十五門，所採書凡一百種，後集分六十一門，所採書亦一百種，分類瑣屑，頗有乖於體例，前有郴陽李易序，乃曰：阮子舊集頗雜，月窗條而約之，彙次有義，棼結可尋，然則此書已經改竄，非其舊目矣。是雖天潢刻書，亦不可據，今阮氏原本已歸繆氏藝風堂，卷帙完全，與月窗所刻者迴別，以較提要所指摘者，皆非原書之文。」〔註 100〕明人虛僞之習可見一斑。

其二，明人刻書往往改頭換面，把書名和作者，毫無顧忌的變樣。《書林清話》卷七〈明人刻書改換名目之謬〉云：「明人刻書有一種惡習，往往刻一書而改頭換面、節刪易名，如：唐劉肅大唐新語，馮夢禎刻本改爲唐世說新語；先少保公巖下放言，商維濬刻稗海本改爲鄭景望蒙齋筆談；郎奎金刻釋名，改作逸雅，以合五雅之目，全屬肊造，不知其意何居？又如陶九成說郛、胡文煥格致叢書、陳繼儒祕笈新書，尤爲陋劣，然說郛爲後人一再改編，信非南村之病，胡文煥一坊估，無知妄作，亦不必論其是非，獨祕笈全出於欺

〔註 98〕同註 1，頁 180。
〔註 99〕同註 1，頁 181。
〔註 100〕同註 1，頁 181。

世盜名，其智計與書帕房卷何異？」〔註 101〕葉氏以爲書賈射利之徒如胡文煥有如許作爲，倒也罷了，堂堂有名文人如陳繼儒之輩，竟也做出誣亂古人、貽誤後學之事，令人難以饒恕，無怪乎葉氏云：「此明季山人人品之卑下，即此刻書而可見矣。」〔註 102〕

其三爲刻書添改脫誤。宋人刻書遇脫字，往往添補字行之傍，或二字併作一格，如：張栻《諸葛武侯傳》大字宋刻本，明仿南宋八行十七字本兩漢書皆然。明刻《甘復山窗餘藁一卷》則不然；此刻遇衍字，加點於旁，或即以所改字注於旁，遇脫字亦如之，黃丕烈甚爲恭維，以爲此法甚善，且古帖有如此刻者，施諸書有何不可，葉德輝對此則頗不以爲然。葉氏云：「吾謂黃氏亦過於好古之言，究竟刻書首在凝神校勘，以免脫誤，如宋本之一格兩字，苟其書文法甚古，幾何不使讀者致正文注文之不分乎？至誤字添改於旁，尤有刺目之害，黃氏言古帖有如此者，不知古帖或由原本眞蹟，不可改迻，或由重刻裁行，致有奪字，然蘭亭因曾不知老之將至，奪曾添曾，於曾傍加亻，後遂誤會爲僧。懷素千文，律召調陽，因草召如呂，今竟訛召爲呂，安得攷碑帖者人人如翁覃溪，讀古書者人人如王懷祖，黃氏所言，殆不可爲訓矣。」〔註 103〕誤字添改於旁，實有刺目之害，明人經史子部多有此病，實不可爲訓。

其四爲刻書喜用古體。明人刻書所用字體，亦常被人詬病。刻書之字貴在通俗，但明人喜用古體，不利文化普及。如：明嘉靖間，閩中許宗魯刻書，好以說文寫正楷，嘉靖七年許氏所刻之《呂氏春秋》即是古體字。嘉靖十年陸鈛刻《呂氏家塾讀詩記》也是如此，葉氏評其「過於好古」。〔註 104〕中葉以後，諸刻稿者亦喜用古體字，海鹽馮豐諸人更是如此，因而查他山先生詆之曰：「此不明六書之故，若能解釋得出說文，斷不敢用也。」〔註 105〕過於好古的結果，是明刻之特色，亦其一大弊端。

## 四、清刻

### （一）清刻多名手寫樣

據葉德輝稱，清刻一如宋刻多名手寫樣。乾嘉時，盧文弨、鮑廷博、孫星衍、黃丕烈、張敦仁、秦恩復、顧廣圻、阮元諸家校刻之書，多出金陵劉

〔註 101〕同註 1，頁 182。
〔註 102〕同註 101。
〔註 103〕同註 1，頁 183～184。
〔註 104〕同註 1，頁 184。
〔註 105〕同註 1，頁 185。

文奎、文楷兄弟。〔註 106〕顧廣圻經辦的影宋刊本，寫樣者爲許翰屏，許翰屏曾爲多位刻書名家之影宋秘籍寫樣，如：士禮居黃氏、享帚精舍秦氏、平津館孫氏、藝芸書舍汪氏以及張古餘、吳山尊諸人等。〔註 107〕

（二）清刻不仿宋刻經史

葉德輝以爲，清刻不管家刻官刻同有一缺事，即不仿宋刻經史，有別於宋元。諸位名家如畢沅、胡克家、阮元皆位至封疆，性喜校刊古書，獨不及諸經正史。顧千里、嚴鐵橋熱心刻書事業，卻從不慫恿諸貴人多刻有用之書，甚爲可怪。〔註 108〕但清代仍有數本可與明人徐刻三禮、王刻史記、汪刻兩漢書及柯刻史記爭光比烈者，如：張敦仁影刻宋撫州本《禮記鄭注》、和坤刻宋本《禮記注疏》、黃丕烈士禮居刻嚴州本《儀禮鄭注》、汪士鐘影刻宋景德本《儀禮單疏》、元泰定本《孝經疏》、汪中影刻宋余仁仲本《春秋公羊解詁》、孔繼涵重刻宋《孟子趙注》諸書、胡刻元本《資治通鑑》等。〔註 109〕

# 第三節　記歷代刻書名家

## 一、宋代

### （一）建安余氏

閩中造紙印書，宋時極盛，其中刻書最多者爲建安余氏，即余志安勤有堂，余仁仲萬卷堂。《書林清話》卷二〈宋建安余氏刻書〉云：

> 乾隆四十年正月丙寅，諭軍機大臣等：近日閱米芾墨蹟，其紙幅有「勤有」二字印記，未能悉其來歷，及閱內府所藏舊版千家注杜詩，向稱爲宋槧者，卷後有「皇慶壬子余氏刊於勤有堂」數字。皇慶爲元仁宗年號，則其板是元非宋。繼閱宋版古列女傳，書末亦有「建安余氏靖安刊於勤有堂」字樣，則宋時已有此堂。因考之宋岳珂相臺家塾五經論書板之精者，稱建安余仁仲，雖未刊有堂名，可見閩中余板，在南宋久已著名，但未知北宋時即行勤有堂名否，又他書所載，明季余氏建版猶盛行，是其世業流傳甚久，近日是否相沿？並其家刊書始自何年？及勤有堂名所自？詢之閩人之官於朝者，罕知其詳，若在本處查

〔註 106〕同註 1，頁 253。
〔註 107〕同註 1，頁 245。
〔註 108〕同註 1，頁 246～247。
〔註 109〕同註 1，頁 247。

考，尚非難事。著傳諭鍾音，於建寧府所屬訪查余氏子孫，見在是否尚習刊書之業，並建安余氏自宋以來刊印書板源流，及勤有堂昉於何代何年？今尚存否？或遺蹟已無可考？僅存其名？並其家在宋曾否造紙？有無印記之處？或考之志乘，或徵之傳聞，逐一查明，遇便覆奏，此係考訂文墨舊聞，無關政治，鍾音宜選派誠妥之員，善爲詢訪，不得稍涉張皇，尤不得令胥役等借端滋擾，將此隨該督奏摺之便，諭令知之，尋據覆奏。余氏後人余廷勷等呈出族譜，載具先世自北宋建陽縣之書林，即以刊書爲業，彼時外省板少，余氏獨於他處購選紙料，印記「勤有」二字，紙板俱佳，是以建安書籍印行，至勤有堂名，相沿已久。宋理宗時，有余文興，號勤有居士，亦係襲舊有堂名爲號，今余姓見行紹慶堂書集，據稱即勤有堂故址，其年已不可考云云，此當時鍾音覆奏大略也。〔註110〕

此段文字就考證過程的描述鉅細靡遺，據此可知，余氏刻書，始於宋建陽縣之書林，以勤有堂命名，相沿甚久，至元猶存。另葉德輝又云：

天祿琳琅後編二儀禮圖，序後刻崇化余志安刊於勤有堂。按宋板列女傳，載建安余氏靖安刊於勤有堂，乃南北朝余祖煥，始居閩中，十四世徙建安書林，習其業。二十五世余文興，以舊有勤有堂之名，號勤有居士，蓋建安自唐爲書肆所萃，余氏世業之，仁仲最著，岳珂所稱建余氏本也。〔註111〕

對余氏勤有堂之發展沿革有進一步的說明。余氏所刊書，今有翻版可考者，依據葉德輝的統計有：孫星衍仿刻《唐律疏議前釋文》、阮文達仿刻繪圖古《列女傳》、汪中仿刻《春秋公羊經傳解詁》、黎庶昌仿刻《春秋穀梁經傳范寧集解》等。〔註112〕余氏刻書堂名各有分別，「萬卷堂」爲余仁仲刊書之記；「勤有堂」則爲余志安刊書之記。余仁仲萬卷堂所刻之春秋三傳，校勘認眞刻印精良，爲坊肆刻本中之上品，早在南宋就被岳珂推爲善本，至今仍爲學者所重視。

### （二）臨安陳氏

據葉德輝稱，南宋臨安刻書最著者爲陳起父子。陳起字宗之，號芸居，其子名思，字續芸。父子二人在臨安府棚北大街睦親坊陳氏書籍鋪賣書開

〔註110〕同註1，頁42～43。
〔註111〕同註110。
〔註112〕同註1，頁43～44。

肆，所刻書曰「書棚本」。陳氏父子刻書牌記有如下數種：「陳解元書籍鋪經籍鋪」、「臨安府棚北睦親坊陳解元書籍鋪刊行」、「臨安府棚北大街睦親坊南陳解元書籍鋪刊印」、「臨安府棚北大街陳解元書籍鋪印行」、「臨安府棚北睦親坊巷口陳解元宅刊行」、「臨安府陳道人書籍鋪刊行」、「陳道人書籍鋪刊行」、「臨安府棚北大街睦親坊南陳宅書籍鋪印行」、「臨安府棚前睦親坊南陳宅書籍鋪刊行」、「臨安府棚北大街陳宅書籍鋪刊行」、「臨安府陳氏書籍鋪刊行」、「臨安府棚北大街睦親坊南陳宅書籍鋪印」、「臨安府棚北睦親坊南陳宅書籍鋪印」、「臨安府睦親坊南棚前北陳宅書籍鋪印」、「臨安府睦親坊陳宅經籍鋪印」、「臨安府棚北大街陳宅書籍鋪印行」、「臨安府棚北大街睦親坊南陳宅刊印」等。〔註 113〕父子二人，續芸所刻多說部、宋人集；而陳起則多唐人集。

## 二、元代

建安余氏書業，衰於元末明初，繼之者爲葉日增廣勤堂，從元至明，刻書最多。據葉德輝稱，葉日增曾得余氏勤有堂板片，重印時改易其姓名堂記，如將余氏勤有堂所刊《千家注分類杜工部詩集》之余氏木記削去，別刊「廣勤堂新刊木記」；傳至其子景逵時，書坊字號更易爲「三峰書舍」，同時將鼎式廣勤堂牌記，挖改爲鐘式三峰書舍牌記，而以「皇慶壬子」易刻「三峰書舍」、「廣勤堂」，目錄後及卷二十五末葉「皇慶壬子余志安刊於勤有堂」十二字剷去不存。明正統時，葉氏版式又歸金臺汪諒，汪氏又將三峰書舍牌記改爲「汪諒重刊」，同一杜詩刻板兩次易主，三次改換牌記。〔註 114〕

但廣勤堂自刻之書亦不少，如：元版《唐詩始音輯注》一卷、《正音輯注》六卷、《遺響輯注》七卷，目錄後有「廣勤堂鼎式木印」、「建安葉氏鼎新繡梓木長印」。正統十二年，孟夏三峰葉景逵刻《鍼灸資生經》七卷，有墨圖記云：「廣勤書堂新刊」；成化九年歲次癸巳刻《埤雅》二十卷，云「葉氏廣勤書堂新刊」。另元天曆庚午仲夏刻新刊《王叔和脈經》十卷，此書繼續到明代。〔註 115〕

## 三、明代

明季刻書最多者，當推汲古閣。汲古閣主人毛晉，其生平傳記，據《書

〔註 113〕同註 1，頁 47～59。
〔註 114〕同註 1，頁 112。
〔註 115〕同註 1，頁 111。

林清話》考述：原名鳳苞，後更名爲晉，字子晉，號潛在，常熟縣人，世居迎春門外之七星橋，父清，以孝弟力田起家，爲鄉三老，而子晉奮起爲儒。毛晉通明好古，強記博覽，性好卷軸，不惜重金購求善本，曾在門首貼一告示曰：「有以宋槧本至者，門內主人計葉酬錢，每葉出二佰，有以舊鈔本至者，每葉出四十，有以時下善本至者，別家出一千，主人出一千二百。」因而湖州書舶雲集七星橋毛氏之門，時有「三百六十行生意，不如鬻書於毛氏」之諺，毛氏藏書累積至八萬四千冊，構汲古閣、目耕樓以庋之。汲古閣上下三楹，始子訖亥，分十二架，中藏四庫書及釋道兩藏，皆南北宋內府所遺，紙理縝滑，墨光騰焮，又有金元人本，多好事家所未有。子晉日坐閣下，手翻諸部，讎其譌謬。子晉擔心經籍漫漶無善本，乃刻十三經、十七史、古今百家等，所用紙從江西特造之，厚者曰毛邊，薄者曰毛太，從明萬曆到清順治末，刻書竟達六百五十餘種。其中卷帙較繁者有：《十三經注疏》、《十七史》、《文選李註》、《六十種曲》、《漢魏六朝百三名家集》、《津逮秘書》。其中以《津逮秘書》最具規模，十五集，一百三十九種，《金石錄》、《墨池編》有錄無書實一百三十七種。毛氏刻書，板心題「汲古閣」三字，亦有題「綠君亭」者，如：二家宮詞、三家宮詞、浣花集三種皆如此。

子晉爲人，孝友恭謹，尤行好善，水道橋梁，多獨力成之。歲饑，則連舟載米，分給附近貧家，時人雷司理贈詩云：「行野田夫皆謝賑，入門僮僕盡鈔書」。子晉生於明萬曆二十七年卒於清順治十六年，享年六十有一，生子五：襄、褒、袞、表、扆。扆字斧季，精於小學，尤耽校讎，克紹箕裘，經營刻書，專以流傳秘冊爲務。子晉有一孫，性嗜茗刻，以四唐人集作薪煮茶，良可浩歎。〔註 116〕

毛晉歿後，其業漸衰，藏書售歸泰州季振宜，季又轉歸徐乾學；所刻書板，遂分鬻殆盡。書板轉移情形，葉德輝考證如下：《十三經注疏》板歸常熟小東門外東倉街席氏、《十七史》板歸蘇州掃葉山房、《三唐人文集》《六十家詞》板歸常熟小東門興賢橋邵氏、《八唐人詩》板歸山東趙執信、《陸放翁全集》板歸常熟張氏、《十元人集》板歸無錫華氏、《詩詞雜俎》《詞苑英華》板歸揚州商家、《說文解字》乾隆時板在蘇州錢景開萃古齋書肆。〔註 117〕

毛氏汲古閣刻書，不盡據善本，頗受後人議論。孫從添《藏書紀要》

〔註 116〕同註 1，頁 190～195。
〔註 117〕同註 1，頁 196。

云：「毛氏汲古閣十三經、十七史，校對草率，錯誤甚多。」；黃丕烈《士禮居藏書題跋記》云：「汲古閣刻書富矣，每見所藏底本極精，曾不校，反多肊改，殊爲恨事。」顧廣圻《陸游南唐書跋》：「汲古閣初刻南唐書，舛誤特甚，此再刻者，已多所改正。」；段正裁《汲古閣說文訂》自序：「考毛氏所得小字本，四次以前微有校改，至第五次則校改特多，往往取諸小徐繫傳，亦間用他書，今世所存小徐本，及宋張次立所更定，而非小徐眞面目。而據次立剜改，又識見駑下，凡小徐佳處，少所采掇，而不必從者，乃多從之，學者得之，以爲拱璧，豈知其繆戾多端哉。」；葉德輝更譏評曰：「其刻書之功，非獨不能掩過，而且流傳繆種，貽誤後人，今所刻十三經、十七史、說文解字傳本尤多，淺學者不知，或據其本以重雕，或奉其書爲祕笈，昔人謂明人刻書而書亡，吾於毛氏不能不爲賢者之責備矣。」〔註 118〕刻書一多，校勘不精之處在所難免，毛氏刻書或許重質不重量，但促成典籍流通文獻保存之功卻不可抹煞，清人之批評不夠全面，特別是段玉裁的說法更不公平。以許學極盛時的尺度來衡量許學萌芽的版本，實令人難以苟同。〔註 119〕

## 四、清代

納蘭成德刻《通志堂經解》一事，《書林清話》有公允之評述。此書表章宋元人遺書，葉氏以爲其功誠不可沒；然主裁者無卓識，心胸狹隘，門戶之見過深，諸家經解，非程朱一派，則削名不錄。令人匪夷所思的是，其所刻本有宋元舊本可據，而全不取以校勘，觀何焯所批閱之目錄注文，其草率可想而知。〔註 120〕

此書本徐乾學所刻，何焯所校，令納蘭成德出名刊刻，本是逢迎權要之工具。納蘭成德爲納蘭明珠之子；納蘭明珠在康熙年間柄用有年，招致一時名流如徐乾學等，互相交結、結黨營私。徐乾學是壬子科順天鄉試副考官，成德年甫十六歲，即由其取中；夤緣得取功名，刻《通志堂經解》以見其學問淵博。

清代刻書名家甚多，但《書林清話》僅聊舉如是而已。

〔註 118〕同註 1，頁 188～190。
〔註 119〕同註 4，頁 239。
〔註 120〕同註 1，頁 242～244。

# 第四節　載歷代特出版本

## 一、宋代

宋代精刻本甚多，據葉德輝指出，較具特色的，如：岳珂相台家塾刻有九經、三傳；廖瑩中世綵堂刻有五經及韓柳集等。岳刻存於今者，五經有武英殿翻雕本，及各直省書局私宅重翻殿本、《論語何晏集解附音義》十卷、《孟子趙歧注附音義》十卷。廖刻存於今者，有：《春秋經傳集解》三十卷、《孟子》十四卷、《韓昌黎集》四十卷外集十卷、《柳河東集》四十四卷外集二卷、《龍城錄》二卷附錄二卷、明郭雲鵬濟美堂翻雕本等。〔註 121〕

## 二、元代

元人刻書呈兩極化，精者超越宋，劣者反不如明，葉德輝以爲元刻書勝於宋本者，有諸：〔註 122〕

經部，元元貞丙申平陽梁宅本《論語注疏》勝於宋十行本；元大德平水曹氏進德齋本《爾雅郭璞音注》勝於明吳元恭所從出之宋本。

史部，元大德九年重刊宋景祐本《後漢書》，勝於宋建安劉元起所刻之本。

子部，元大德本繪圖《列女傳》，勝於阮氏文選樓所據刻之余氏勤有堂本；元刻《纂圖互注揚子法言》勝於宋治平元年所刻之監本。

集部，元大德本《增廣音注丁卯詩集》，勝於宋版；元張伯顏刻《文選李善注》勝於南宋尤袤本；元延祐庚申葉曾南書堂刻本《東坡樂府》，勝於宋紹興辛未曾慥刻本。

此外各路儒學本知書院本亦多精校精刊，在本章第一節則已提及。

## 三、明代

明代値得重視之刻本，據葉德輝之整理有：明人胡維新《兩京遺編》（葉德輝謂此書在明時刻本中，其精校勝於吳琯《古今逸史》及商維濬《稗海》等書；程榮《漢魏叢書》以外，無與之並軫者也）、顧元慶《文房小說四十家》，毛氏汲古閣刻始子終亥北宋本《說文解字》三十卷等皆爲希見之本。

其他如藩府精刻之書，及《書林清話》卷五〈明人刻書之精品〉所列之家刻本，前已述及，均不贅敘。

〔註 121〕同註 1，頁 77。
〔註 122〕同註 1，頁 172。

## 四、清代

清代精刊本，據《書林清話》所述，有如下諸家：

（一）無錫秦刻九經。王士禎《分甘餘話》云：「近無錫秦氏摹宋刻小本九經，剞劂最精，點畫不苟。」據葉德輝稱，秦本之原刻不分卷，每葉四十行，行二十七字，上格標載音義，凡《易》二十二葉、《書》二十六葉、《詩》四十七葉、《左傳》一百九十八葉、《禮記》九十三葉、《周禮》五十五葉、《孝經》三葉、《論語》十六葉、《孟子》三十四葉等。〔註 123〕

（二）黃丕烈《士禮居叢書》、鮑廷博《知不足齋叢書》。既精賞鑒，又喜校勘，葉氏以為乃絕無僅有者也。〔註 124〕

（三）阮元《文選樓叢書》：兼收藏、考訂、校讎之長。〔註 125〕

（四）黎庶昌《古佚叢書》：專橅宋元舊槧、海外卷鈔，刻印俱精。〔註 126〕

（五）繆荃孫《雲自在龕叢書》：多補刻故書闕文，亦單刻宋元舊本，葉氏以為，雖平津館、士禮居亦不能過之。〔註 127〕

（六）盛宣懷《常州先哲遺書》：葉氏以為，常州出自繆藝風老人手定，抉擇嚴謹，刻手亦工。〔註 128〕

除此之外，前已述及之武英殿及揚州詩局所刻各書，繕寫刊刻之精緻，無不盡善盡美；康熙間，林佶手寫上板的汪琬《堯峰文鈔》、陳廷敬《午亭文編》、王士禎《古夫于亭稿》、《漁洋精華錄》；顧嗣立秀野草堂刻的《韓昌黎先生詩集》、陸鍾輝水雲漁屋刻的陸龜蒙《笠澤叢書》；雍正年間般若庵刻《冬心先生集》、辛浦校刻汪琬《說鈴》、卓爾堪《三家詩》；乾隆年間歙縣程哲七略書堂寫刻《帶經堂集》；鄭燮手寫上板之《板橋集》；嘉慶間松江沈慈、沈恕古倪園刻唐、宋、元《四婦人集》；道光年間，汪中《述學》、許槤古韻閣《六朝文絜》，皆是清代精刻本之代表作。〔註 129〕

---

〔註 123〕同註 1，頁 241～242。
〔註 124〕同註 1，頁 251。
〔註 125〕同註 124。
〔註 126〕同註 1，頁 252。
〔註 127〕同註 126。
〔註 128〕同註 1，頁 253。
〔註 129〕同註 19，頁 94。

# 第七章　《書林清話》內容述評（下）

## 第一節　論歷代活字本

有關活字本的問題，葉德輝在《書林清話》卷八花了五個小節來討論。

葉德輝以爲活字印書之製始於五代之晉天福銅板本，〔註1〕至兩宋盛行於世，宋仁宗慶曆年間，畢昇發明膠泥活字。沈括《夢溪筆談》云：

> 板印書籍，唐人尚未盛爲之，自馮瀛王始印「五經」，已後典簿，皆爲板本。慶曆中，有布衣畢昇又爲活板，其法用膠泥刻字，薄如錢脣，每字爲一印，火燒令堅。先設一鐵板，其上以松脂臘和紙灰之類冒之，欲印，則以一鐵範置鐵板上，爲密布字印，滿鐵範爲一板，持就火煬之。藥稍熔，則以一平板按其面，則字平如砥。若止印三、二本，未爲簡易，若印數十百千本，則極爲神速。常作二鐵板，一板印刷，一板已自布字，此印者纔畢，則第二板已具，更互用之，瞬息可就。每一字皆有數印，如「之」、「也」等字，每字有二十餘印，以備一板內有重複者。不用則以紙貼之，每韻爲一貼，木格貯之。有奇字素無備者，旋刻之，以草火燒，瞬息可成。不以木爲之者，文理有疏密，沾水則高下不平，兼與藥相黏，不可取，不若燔土，用訖再火，令藥鎔，以手拂之，其印自落，殊不沾污。昇死，其印爲予群從所得，至今寶藏。〔註2〕

〔註1〕葉德輝，《書林清話》（台北：世界書局，民77年），頁201。
〔註2〕沈括《夢溪筆談》（台北：世界書局，民50年），頁26。

此爲中國文獻關於活字印刷最早的文獻記載，敘述泥活字發明者畢昇之製造方法，是中國活字印書之始，比歐洲谷騰谷活字版要早四百年，但宋代泥活字本並未流傳下來。葉德輝在《郎園讀書志》及《書林清話》雖沾沾自喜於其藏有膠泥版的《韋蘇州集》，但近代學者則抱持懷疑。〔註3〕

元代東平人王禎發明木活字印刷術，製作的詳細辦法，附載在他所著的《農書》後面。王楨原想用木活字擺印〈農書〉未獲實現，卻試印自己纂修的《大德旌德縣志》，可惜此書也早已失傳。〔註4〕

明代盛行銅活字印書，弘治間錫山華氏蘭雪堂、會通館印書尤多，爲世珍祕，除此之外，依葉氏所列，尚有：吳郡孫鳳印《宋陳思小字錄》一卷、建業張氏印《開元天寶遺事》二卷、錫山安國印《顏魯公集》十五卷補遺一卷、《魏鶴山先生大全集》一百九卷、金蘭館印《石湖居士集》三十四卷、五雲溪館印《襄陽耆舊集》一卷、《玉臺新詠》十卷、蜀府印《蘇轍欒城集》五十卷後集二十四卷三集十卷、芝城印《墨子》十五卷、浙人倪燦印《太平御覽》一千卷、無名氏印《杜審言集》二卷《曹子建集》十卷。《劉漫塘先生文集》二十二卷等。〔註5〕明代此類活字印本，傳世甚多。

銅活字印書在明代較有名者，莫過於無錫華氏及安氏。當時印本有曰「蘭雪堂」有曰「會通館」者，蘭雪堂爲華堅、華鏡，會通館爲華燧、華煜所有。華堅之世家，據葉氏考證：華堅姓名不見郡邑志乘，疑爲華燧之從子行，他與華燧的關係已不可考，但可以肯定的是，他們必爲一家人。華燧，字文輝，諱燧，無錫人，少於經史多所涉獵，中歲好校閱同異，輒爲辨證，手錄成帙，遇老儒先生，即持以質焉，既而爲銅字板以繼之，曰「吾能會而通矣」，乃名其所曰「會通館」，人遂以「會通」稱，有三子：埙、奎、壁。華埕，字汝德，以貢授大官署丞，善鑒別古器法書名畫築尚古齋，實諸玩好於其中，又多聚書，所製活板甚爲精密，每得秘書，不數日而印本出之。一般志書雖無堅名，但燧之三子皆取土旁爲名，則堅必其獨子，而煜則其兄弟，由字義推之，華鏡必堅之從子。〔註6〕

「蘭雪堂」印行的書籍有：《春秋繁露》十七卷、《藝文類聚》一百卷、《蔡

〔註3〕杜邁之、張承宗合著，《葉德輝評傳》（長沙：岳麓書社，西元1986年），頁74。

〔註4〕王欣夫，《文獻學講義》（台北：台灣商務印書館，民81年），頁228。

〔註5〕同註1，頁203。

〔註6〕同註1，頁209～210。

中郎文集》十卷外傳一卷、《元氏長慶集》六十卷、《白氏長慶集》七十卷等。「蘭雪堂」印書多有「錫山蘭雪堂華堅允剛活字銅板印行」牌子，又有「錫山」兩字圓印及「蘭雪堂華堅活字銅版印」篆文小印。〔註7〕「會通館」印行者，有：《容齋隨筆》十六卷續筆十六卷三筆十六卷四筆十六卷五筆十卷、《古今合璧事類前集》六十二卷、《文苑英華纂要》八十四卷、《錦繡萬花谷前集》四十卷後集四十卷續集四十卷、《諸臣奏議》一百五十卷等。〔註8〕「會通館」印行的書，每頁下方都有「會通館活字銅印」字樣。〔註9〕值得探討的是，華燧在弘治三年印的《會通館印正宋諸臣奏議》一百五十卷，各家書目及各種版本學著作都一致肯定，他用的是銅活字，但近人潘天楨先生卻在比較研究之後，提出一衝擊傳統的觀點；華燧活字印書，用的是銅版錫活字，而非銅版銅活字，爲我國版本印刷研究取得一重要科學結果。因此華燧在弘治三年所印的《會通館印正宋諸臣奏議》一百五十卷，則應成爲我國現存最早的漢文錫活字印書傳本。〔註10〕

此外有所謂華埕者，印《渭南文集》五十卷；又有僅稱爲華氏者，印桓寬《鹽鐵論》十卷。華氏一門好書，足爲藝苑美談，重之者比之宋槧名鈔，輕之者則深致不滿，如：《天祿琳琅．白氏長慶集》條云、「其書於一行之中，分列兩行之字，全部皆如小註，遂致參差不齊，則其法雖精，而其製尚未盡善也」，此言其板本不善。另《瞿目．校宋本元氏長慶集》六十卷條，蒙叟跋：「元集誤字，始於無錫華氏之活板，謬稱得水村冢宰所藏宋刻本，因用活字印行，董氏不學，因之沿誤耳。」；《瞿目》顧廣圻〈文苑英華辨證十卷〉條云：「錫山華氏蘭雪堂，以銅字擺印，是書字句多所脫遺，未爲精善」；張金吾《愛日精廬藏書志》宋本趙汝愚〈國朝諸臣奏議一百五十卷〉條跋云：「是書除此本外，有明會通館活字本，繆誤不可枚舉，如卷四十六，謝泌論宰相樞密接見賓客疏，卷六十一傅堯俞再論朱穎士李允恭疏，此本俱存上半篇。卷一百廿四蘇轍乞募保甲優等人刺爲禁軍疏，存首二行，呂陶論保甲二弊疏，存下半篇。卷一百三十三范仲淹論元昊請和不可許者三大可防者三疏，存首三葉，活字本俱刪去，猶可曰以其殘闕而去之。最可異者，如卷廿六司馬光論任人賞罰，要在至公名體禮數當自抑損疏，恩雖至厚而人不可妒者何也。

〔註 7〕潘美月，《圖書》（台北：幼獅文化事業公司，民 75 年），頁 144。

〔註 8〕同註 1，頁 206～207。

〔註 9〕同註 7。

〔註 10〕戴南海，《版本學概論》（成都：巴蜀書社，西元 1989 年），頁 363。

眾人下此本缺兩頁，活字本於眾人下，竟直接傳堯俞上慈聖是后乞還政疏，誠贊翊援皇帝於藩邸以繼大統……不思字句之不貫，不顧文義之隔絕，藉非宋本尚存，奚從訂正其誤」以上言其校勘之不善。〔註 11〕蓋華氏當日隨得隨印，主持者既無安桂坡之精鑒，校正者也非岳荊谿之專業，有以致之也。

明代另一個較有名的銅活字印書家當為無錫安國。據葉德輝稱，安國，字民恭，富可敵國，居膠山，因山治圃，植叢桂於後岡，延袤二里餘，因自號桂坡。安國之子如山，嘉靖己丑進士，知裕州，均田得體，士民誦德，祀名宦，歷仕至四川僉憲，孫希範，萬曆丙戌進士，官南京吏部司封郎，以忤輔臣王錫爵，削籍歸，與光祿顧憲成仿龜山講學故址，闢東林書院，闡濂、洛、關、閩之學，暇則纂述諸書切身心性命者，卒之隔年，其子廣譽、廣居，伏闕上疏，白其遺忠，特贈光祿寺少卿，賜卹典，請祀鄉賢。安國酷愛刊印古書，所刊活字印本雕刻優良、印刷工整，如：《顏魯公文集十五卷補遺一卷年譜一卷附錄一卷》等。〔註 12〕安國刻書不記年月，板心上方每頁有「錫山安氏館」及「安國活字銅板刊行」牌記。〔註 13〕

葉德輝《書林餘話》卷下謂：明人尚有活字印本《唐人小集》百餘家，其所見者只有五十家。錢存訓編有《明代銅活字書目》，包含了葉所列的這五十家。〔註 14〕

清代所存活字版，以木活字為最多，其中以武英殿聚珍版叢書規模最大。據《書林清話》稱，乾隆修四庫全書，想把從《永樂大典》內輯出來的佚書，刊印流傳，藏在武英殿的銅字或被竊或被鑄成銅錢，金簡建議用木活字擺印，乾隆以「活字版」之名稱不雅馴，因而改名為「聚珍版」。〔註 15〕嘉道以後，民間木活字印書，據葉德輝統計有：吳門汪昌序嘉慶丙寅印《太平御覽》一千卷；璜川吳志忠嘉慶辛未印《五代邱光庭兼明書》五卷、元迺賢《河朔訪古記》二卷、《洛陽伽藍記》五卷；朱麟書自鹿山房喜慶壬申印《中吳紀聞》六卷、高似孫《緯略》十二卷；張金吾愛日精廬嘉慶己卯印宋李燾《續資治通鑑長編》五百二十卷；成都龍變堂萬育嘉慶十四年印《天下郡國利病書》一百二十卷。道光年間，有：京師琉璃廠半松居士印《南疆繹

〔註 11〕同註 1，頁 207～209。
〔註 12〕同註 1，頁 211。
〔註 13〕嚴文郁，《中國書籍簡史》（台北：台灣商務印書館，民 81 年），頁 206。
〔註 14〕同註 13，頁 209。
〔註 15〕同註 1，頁 204。

史》二十四卷《摭遺》十八卷《卹謚考》八卷《南略》十八卷《北略》二十四卷；留雲居士印《明季稗史十六種》共二十七卷。咸同間，有：仁和胡珽琳琅秘室印《琳琅秘室叢書五集》，江夏童和豫朝宗書屋印明嚴衍《資治通鑑補》二百九十四卷附刊誤二卷、宋袁樞《資治通鑑紀事本末》四十二卷、明陳邦瞻《宋史紀事本末》二十六卷、《元史紀事本末》四卷、谷應泰《明史紀事本末》八十卷、馬驌《左傳事緯》十二卷附錄八卷、《陳思王集》十卷。光緒間有：董金鑑重印《琳琅秘室叢書四集》；吳門書坊印《日本佚存叢書全集》等。〔註16〕

活字印書流入外藩最早者莫如朝鮮、日本，明初即已盛行。依據《書林清話》的考述，朝鮮方面，永樂庚子冬，國王命造銅字活版，又命新鑄造大樣銅字，印行《十八史略》；天順八年，活字印板《爾雅注疏》十一卷；弘治十年，活字印板《唐鑑音注》二十四卷；嘉靖二十三年，朝鮮宋麟壽活字印《陳簡齋詩注》十五卷。〔註17〕中國開始使用銅活字之時，朝鮮已鑄造不下十次，或與十五世紀，中朝關係密切，使節往來有關。〔註18〕

日本銅活字版書傳世較古者，據《書林清話》考述有：文錄五年丙申（明萬曆二十四年），甫庵道喜印《蒙求補注》三卷；慶長四年巳亥（明萬曆二十七年）敕印《論語》、《孟子》、《大學》、《中庸》單經本二十六卷；慶長五年庚子（明萬曆二十八年）敕校《貞觀政要》十卷，足利學奉敕印《七經孟子八種》、《黃石公三略》三卷；慶長十一年丙午（明萬曆三十四年）敕印《武經七書》；慶長十二年丁未（明萬曆三十五年），直江兼續田銅雕活字印《六臣文選注》六十卷；元和四年戊午（明萬曆四十六年），那波道圓印《白氏文集》七十一卷；承應二年癸巳（順治十年）印《朱子小學書》六卷等。〔註19〕葉氏藏有：安政二年乙卯（咸豐五年）江都喜多邨學訓堂印《太平御覽》一千卷、明治十八年乙酉（光緒十一年）弘教書院印《釋藏》八千五百三十四卷，煌煌巨冊，葉氏謂其足與武英殿聚珍本相頡頏。〔註20〕

---

〔註16〕同註1，頁204～205。
〔註17〕同註1，頁214。
〔註18〕同註7，頁145。
〔註19〕同註17。
〔註20〕同註17。

## 第二節　論明清抄本

明清兩代，隨著藏書事業之開展，抄書之風更加昌盛，最爲藏書家所秘寶的鈔本書，據葉德輝所述，明代有：〔註 21〕

一、吳鈔：長洲吳寬叢書堂鈔本，板心有「叢書堂」三字，鈔本用印格紙。

二、葉鈔：崑山葉盛賜書樓鈔本，板心有「賜書樓」，鈔本用綠墨二色格。

三、文鈔：長洲文徵明玉蘭堂鈔本，格闌外有「玉蘭堂錄」四字。

四、王鈔：金壇王肯堂鬱岡齋鈔本，板心有「鬱岡齋藏書」五字。

五、沈鈔：吳縣沈與文野竹齋鈔本，格闌外有「吳縣野竹家沈辨之製」九字。

六、楊鈔：常熟楊儀七檜山房鈔本，板心有「嘉靖乙未七檜山房」八字。

七、姚鈔：無錫姚咨茶夢齋鈔本，板心有「茶夢齋鈔」四字。

八、秦鈔：常熟秦四麟致爽閣鈔本，板心有「致爽閣」三字，或「玄覽中區」四字，或「又玄齋」三字，或「玄齋」二字。

九、祁鈔：山陰祁承㸁淡生堂鈔本，板心有「淡生堂鈔本」五字。

十、毛鈔：常熟毛晉汲古閣鈔本，板心有「汲古閣」三字，格闌外有「毛氏正本汲古閣藏」八字。

十一、謝鈔：長樂謝在杭小草齋鈔本，板心有「小草齋鈔本」五字。

清抄的名家則有：〔註 22〕

一、馮鈔：常熟馮舒、馮班、馮知十兄弟的空居閣鈔本，馮知鈔本，格闌外有「馮彥淵藏本」五字，馮班鈔本，格闌外有「馮氏藏本」四字。

二、錢鈔：常熟錢謙益絳雲樓鈔本，錢曾述古堂鈔本、錢謙貞竹深堂鈔本。錢謙益鈔本，板心有「絳雲樓」三字；錢曾鈔本，格闌外有「虞山錢遵王述古堂藏書」一字或「錢遵王述古堂藏書」八字；錢謙貞之鈔本，板心有「竹深堂」三字。

三、葉鈔：常熟葉樹廉樸學齋鈔本，板匡外有「樸學齋」三字。

四、曹鈔：秀水曹溶倦圃鈔本，板心有「檇李曹氏倦圃藏書」八字。

五、徐鈔：崑山徐乾學傳是樓鈔本，白紙墨格鈔本，板心有「傳是樓」三字。

---

〔註 21〕同註 1，頁 275～278。

〔註 22〕同註 1，頁 278～283。

六、朱鈔：秀水朱彝尊潛采堂鈔本，毛泰鈔紙，無格闌。

七、惠鈔：吳縣惠棟紅豆齋鈔本，墨格十行，格闌外有「紅豆齋藏書鈔本」七字。

八、趙鈔：仁和趙昱小山堂，格闌外有「小山堂鈔本」五字。

九、吳鈔：錢唐吳焯繡谷亭鈔本，海昌吳騫吳壽暘父子拜經樓鈔本。吳焯鈔本，板心有「繡谷亭」三字，毛泰鈔紙，無格闌。

十、鮑鈔：歙縣鮑廷博知不足齋鈔本，毛泰紙鈔，無格闌。

十一、汪鈔：錢唐汪遠孫振綺堂鈔本，毛泰紙鈔，無格闌。

以上這些名家，往往竭盡一生精力交換互借，手校眉鈔，不僅其抄本可珍，其手蹟尤足貴。其餘舊鈔無從考證者，有：穴研齋鈔本、怡顏堂鈔本、退翁書院鈔本、篤素居鈔本、吳興陶氏鈔本，皆明末清初人，但均不知其姓名籍里。又有華亭孫道明，吳縣柳僉、錢穀、錢允治、吳岫、葉奕、金俊明、金侃，常熟趙琦美、陸貽典、曹炎，江陰李如一、周榮起，崑山葉國華，石門呂葆中，長洲顧美苓、張位、張德榮、吳翌鳳等。諸家平日以抄書爲課程，故至今流傳不絕。值得一提的是，馮舒當甲乙鼎革之交，遁迹於荒村老屋，在酷暑如蒸的氣候之下，猶手抄不輟。〔註 23〕

古人抄書多用舊紙，據《書林清話》載：宋抄本《楊太后宮詞》一卷，紙是宋時呈狀廢紙，有官刻朱痕可證；明人抄本宋張正之《五行類事占》七卷，紙是嘉靖時冊籍，紙背間可辨識；述古堂舊鈔本《大金集禮》四十卷，紙質甚鬆，是以閣中預備票擬之紙寫錄；影宋本《周易集解》，用明時戶口冊籍紙，上有嘉靖五年等字，既薄且堅，反面印格摹寫；明鈔本《冊府元龜》一千卷，明棉紙藍格鈔本，紙背皆公牘文字，明時裝二百零二冊，中有《蟋蟀經》《鵪鶉語》二種，用明時訟狀廢紙，《酒經》一種，《虬髯公傳》一種，《柳毅傳》一種，皆明萬曆間未寫過之市肆賬簿廢紙。〔註 24〕至於抄書之工價如何，在葉德輝之時已不可考，但由乾嘉年間資料類推，其傭書之廉，實令人咋舌。〔註 25〕

〔註 23〕同註 1，頁 283。
〔註 24〕同註 1，頁 284。
〔註 25〕同註 1，頁 285。

## 第三節　論套印本及繪圖書籍

### 一、套印本

彩色套印是明刻的特點。彩色套印的發展，葉德輝以爲「始於明季，盛於清道咸以後」〔註 26〕但據近人的研究，此一觀點顯然有誤。國立中央圖書館藏有元至元六年（西元 1340 年）中興路資福寺刊印的《金剛般若波羅蜜經》經文米色，注文墨色。〔註 27〕西元 1973 年西安碑林發現一幅「東方朔盜桃圖」版畫，用綠色、濃墨、淡墨三色印成，並有紅色印章，據考證是十二世紀金代平陽所印。〔註 28〕由此可知，彩色套印自元代已經開始，萬曆以後，才蔚爲風氣，明代天啓、崇禎間閔齊伋、閔昭明、凌汝亨、凌濛初、凌瀛初，一家父子兄弟都採用套印方法刊刻帶有評點批注的古籍。據統計，他們所套印的圖書不下三百種，顏色也由二色增至五色。閔昭明刻有《新鐫朱批武經全書》，閔齊伋刻《東坡易傳》、《左傳》、《老莊列》三子、《楚辭》、陶靖節、韋蘇州、王右丞、孟浩然、韓昌黎、柳宗元等諸家詩集、蜀趙崇祚《花間詞》，凌汝亨刻《管子》、凌濛初、瀛初刻《韓非子》、《呂氏春秋》、《淮南子》，皆墨印朱批，字頗流動。〔註 29〕

三色套印則有《古詩歸》十五卷、《唐詩歸》三十六卷，其簡用朱筆者鍾惺，用藍筆者譚元春。四色套印，則有萬曆辛巳，凌瀛初刊刻朱、墨、黃、藍《世說新語》八卷，其間用藍筆者劉辰翁、用朱筆者王世貞、用黃筆者劉應登。五色套印，葉德輝以爲「明人無之」，〔註 30〕事實不然，據近人研究，萬曆年間，凌雲刊印朱、墨、紫、藍、綠五色本《文心雕龍》，安徽歙縣程氏滋蘭堂刊刻彩色套印本程大約《幼博》《程氏墨苑》，其中也有五色的圖案。〔註 31〕清代民間套印有極精且多達六色者，如：清道光申午涿州盧坤刻《杜工部集》二十五卷；其間用紫筆者，明王世貞，用藍筆者明王愼中，用朱筆者王士禎，用綠筆者邵長蘅，用黃筆者宋犖，並墨印而六色，此書色彩斑爛，娛目怡情，能使讀者精神爲之一振。

---

〔註 26〕同註 1，頁 214。
〔註 27〕同註 13，頁 217。
〔註 28〕同註 27。
〔註 29〕同註 1，頁 214～215。
〔註 30〕同註 1，頁 215。
〔註 31〕同註 13，頁 218。

### 二、繪圖書籍

葉氏以爲繪圖書籍之起源不始於宋人。〔註 32〕古人圖、書並稱，凡有書必有圖，如：《孔子徒人圖法》二卷，蓋孔子弟子畫像；兵書所載各家兵法，均附有圖。此外如：《周官禮圖》十四卷、《郊祀圖》二卷、《爾雅圖》十卷等亦不例外，由此可見：古書無不繪圖。〔註 33〕

有刻板以來，繡像書籍以宋槧《列女傳》所刻仕女人物最爲精美，目前尚存孤本。元槧則有：元大德本繪圖《列女傳》、元板繪像《搜神前後集》。明代最爲工細，除《人鏡陽秋》、《郭世子載堉樂書》、《隋煬豔史》、《元人百種曲首衺》、《水滸傳首本》、《隋唐演義首衺》外，尙有明顧鼎臣《狀元圖攷》、《增編會眞記》。此外，如：元人影宋鈔本《爾雅圖》四卷、《經史證類大觀本草》三十一卷附《本草衍義》二十卷，晦明軒刊《重修政和經史證類備用本草》三十卷等。清代，據葉德輝稱：有《萬壽盛典》、《南巡盛典首衺》，圖象是上官竹莊、山水皆石谷子畫。而圖書集成之中更有圖數十冊，皆名手所繪，鐫工絕等。〔註 34〕

傳奇雜曲部分，葉氏所藏的有：明刻《三國志演義》、《玉茗堂四夢》及明吳世美《驚鴻記》、單槎《仙蕉帕記》、無名氏《東窗記》、高奕《四美記》、閔刻《西廂記》之類，工緻者甚多。又：內府刻《避暑山莊圖詠》二卷，《補蕭雲從離騷全圖》二卷，山水人物，妙擅一時。〔註 35〕

清代插圖本較有名者，除前已提及之《南巡盛典》外，康熙五十年（西元 1712 年）內府刻有《御製避暑山莊詩》，康熙三十五年（西元 1696 年）《御製耕圖詩》，乾隆十五年（西元 1745 年）武英殿刊本《御製圓明園四十景詩》，雕工皆精美絕倫，可惜此一技術，嘉慶以後就式微不振了。〔註 36〕

## 第四節　論輯佚書叢書及唐宋人類書

### 一、輯佚書

集佚古書，世人皆以爲從宋末王應麟輯三家詩開始，但葉德輝獨持異議，

〔註 32〕同註 1，頁 219。
〔註 33〕同註 32。
〔註 34〕同註 1，頁 218～219。
〔註 35〕同註 32。
〔註 36〕同註 13，頁 222。

以爲王應麟之前即已有之。《書林清話》卷八云：

> 古書散佚，復從他書所引搜輯成書，世皆以爲自宋末王應麟輯三家詩始，不知其前即已有之。宋黃伯思東觀餘論中，有跋愼漢公所藏相鶴經後云：按隋經籍志、唐藝文志，相鶴經皆一卷。今完書逸矣，特馬總意林及李善文選注、鮑照舞鶴賦鈔出大略，今眞靜陳尊師所書即此也。而流俗誤錄者故相國舒王集中，且多舛午，今此本既精善，又筆勢婉雅，有昔賢風概，殊可珍也。據此，則輯佚之書，當以此經爲鼻祖。〔註37〕

由此可知，葉德輝認爲收藏於《說郛》中的《相鶴經》即輯佚書之鼻祖，近人劉咸炘則不表贊同，認爲「實不止此」，劉氏在所著《目錄學》上編〈存佚篇〉中曾云：「宋世所傳唐人小說，及唐以上人文集，卷數多與原書不合。校以他書所引，往往遺而未錄。蓋皆出於宋人掇拾而作，此即輯佚之事也」，見解或有不同，但唯一可以肯定的是：輯佚是由宋人開其端。〔註38〕

明代士人開始注意輯佚工作，到了清代乾嘉年間，輯佚之學甚爲發達。如：余蕭客《古經解鉤沈》輯唐以前群經訓詁共三十卷、任大椿《小學鉤沈》輯古代字書四十餘種，孫馮冀《經典集林》、張澍《二西堂叢書》、王謨《漢魏遺書鈔》《晉唐地理書鈔》、茆泮林《十種古佚書》，於經、史、子三者，各有所取重。〔註39〕

輯佚書中以多爲貴者，如：嚴可均《全上古三代先秦兩漢魏晉南北六朝先唐古文》、黃奭《漢學堂叢書》、馬國翰《玉函山房輯佚書》，皆統四部爲巨編。嚴輯雖名古文，實包含經子史在內，其搜採宏博、考證精詳，較黃、馬二書尤爲可據。也有專輯漢代鄭玄著作者，如：曲阜孔廣林《通德遺書》、黃奭《高密遺書》、袁鈞《鄭氏佚書》。〔註40〕此外，如惠棟、孫星衍、邵瑛、陳熙晉、俞樾諸家，對輯佚古書皆甚有貢獻。

## 二、叢書

所謂「叢書」，依葉德輝之見乃「舉四部之書而並括之。」〔註41〕據葉氏

〔註37〕同註1，頁220。

〔註38〕張舜徽，〈關於搜輯佚書的問題〉，王國良、王秋桂合編，《中國圖書文獻學論集》（台北：明文書局，民75年），頁455～456。

〔註39〕同註37。

〔註40〕同註37。

〔註41〕同註1，頁221。

之考證，宋人《儒學警悟》《百川學海》爲叢書之濫觴。《儒學警悟》，宋俞鼎新同上舍兄經編，其書計分七集四十卷，分別是：一集《石林燕語辨》，卷一至十（葉夢得撰、汪應辰辨）；二集爲《演繁露》，卷十一至十六（程大昌撰）；三集爲《嬾眞子》卷十七至二十一（馬永貞撰）；四集爲《考古編》卷二十二至三十一（程大昌撰）；五集爲《捫蝨新話》上集卷三十二至三十五、六集爲《捫蝨新話》下集卷三十六至三十九，以上二書皆陳善撰；七集爲《螢雪集說》卷四十上至四十下。此部叢書，每卷題《儒學警悟》一集至七集止，題與記數皆同，目錄後有「嘉泰辛酉正吉十月五日建安俞成元德父謹跋」一則；二卷有題識云：「壬戌三月初有七日，承議郎前劍州通判俞聞中夢達刊之於家塾」。《百川學海》，前人考定爲咸淳癸酉刻，如此看來，則《儒學警悟》猶在其前。〔註42〕

清代以後，刊刻叢書風氣大盛。葉德輝在《書林清話》中並未詳列刊刻之書目。但據近人謝國楨的研究，將叢書刊刻分爲：目錄派、板本派、校讎派及綜合派等。目錄派有：鮑廷博《知不足齋叢書》、蔣光煦《別下齋叢書》《涉聞梓舊》、伍崇曜《粵雅堂叢書》《嶺南叢書》等。板本派有：黃丕烈《士禮居叢書》、楊守敬《古逸叢書》等。校讎派有：盧文弨《抱經堂叢書》、畢沅《經訓堂叢書》、孫星衍《岱南閣叢書》《平津館叢書》等。綜合派，則有張海鵬《學津討原》、吳省蘭《藝海珠塵》等。〔註43〕

有一種書似叢書卻非叢書，似總集卻非總集者，如：北宋刻《江西詩派》、南宋《陳思群賢小集》及《江湖集》之類，又：明俞憲之《盛明百家》、清吳之振之《宋詩鈔》、顧嗣立之《元詩選》，葉氏以爲這些書：「皆網羅散失，一朝文獻，賴以是傳，此其例既非張溥漢魏百三家之全詩文可以比擬，亦非全唐詩、全唐文之單刻詩文可以類求。」〔註44〕至於大部頭書籍，如《永樂大典》之依韻編收，《圖書集成》之分類纂錄，二者皆冊逾萬帙、囊括百家，葉氏以爲「斯誠簿錄以來之奇聞」。〔註45〕

### 三、唐宋人類書

唐宋人類書，宋刻罕傳，惟恃元明翻刻本相接續，而明刻有善、有不善，是當分別觀之。《書林清話》對唐宋人類書之刻本有詳細的考述，今就葉氏所

〔註42〕同註41。

〔註43〕謝國楨，〈叢書刊刻源流考〉，王國良、王秋桂合編，《中國圖書文獻學論集》（台北：明文書局，民國75年），頁560～568。

〔註44〕同註1，頁222。

〔註45〕同註44。

言，並參考近人研究所得，敘述於後：〔註46〕

（一）白氏六帖：亦稱《白氏經史事類六帖》三十卷，唐白居易撰；《後六帖》卷，宋孔傳撰，為續白書而作。白帖原書注文本略，南宋末年遂有人將孔帖予之合併，稱《白孔六帖》通行本作一百卷，葉德輝以為：合併之後，益無足觀。

（二）北堂書鈔：唐虞世南在隋任秘書郎時所編，原一百七十三卷，分八十部，八百零一類，通行本為明萬曆間常熟陳禹謨之校刊本。陳禹謨竄改舊文任意補綴喪失本來面目，幸朱竹垞、錢遵王所傳易名之《古唐類範》，猶在人間。到了清代，孫星衍得到明陶宗儀元代影宋九成鈔，約嚴可均等人校勘，僅刻陳本竄改較甚者，凡卷一至卷二十六，又卷一百二十二至卷一百六十，共五十五卷；蓋書鈔首尾諸卷，其殘缺情況更加嚴重。孫雖屬嚴校勘，終其剞劂之資，出之廬江胡氏，故每卷末有「督理江西通省鹽法道兼管瑞袁端等處地方廬江胡稷以影宋本校刊」字一行，又有「烏程嚴可均分校」一行，大約功未及完，版亦渙散。光緒己丑，姚覲元以活字排列七十餘卷，印未峻工而姚卻已亡歿，六十年間，兩刻而兩未成。後來陶鈔原本又輾轉到了南海孔廣陶之手，孔於光緒戊子付刊，名為《影宋北堂書鈔》，但校者非專門人員，以校語夾雜注中，閱之令人目炫。

（三）初學記：唐徐堅、張說在開元年間奉玄宗之命編撰，全書共三十卷，二十三部，三百一十三類。卷末之三十卷，原卷久佚，明刻皆以安國桂坡館刻本為善，而此卷與他卷缺佚，多出肊補，其後晉藩、揚洲九洲書局，徐守銘寧壽堂諸本皆從之出，未有善本訂正之故。

（四）藝文類聚：歐陽詢於唐高祖武德七年奉命撰修，全書一百卷，分四十七部，每部又各分子目，共七百四十餘類。有明正德乙亥華鏡蘭雪堂活字印本，又有萬曆丁亥王世貞序刻本，二本訛脫，大致相同。自來考據家多重陸采刻小字本及宗文書堂本，以其源出宋槧，文句完全，因而詳於大字活字兩本。

（五）太平御覽宋本：宋李昉等十四人，於太平興國二年（西元977年）奉太宗之命編撰而成，全書一千卷，共五十五部，每部又分若干子目，共四千五百五十八類。自明張溥析分五百卷為二女奩貲，其書久成破鏡，至乾嘉時存三百六十卷，藏黃丕烈士禮居，為百宋一廛中宋本之冠，後存三百卷，歸之陸

〔註46〕同註1，頁215～217。

心源皕宋樓，陸歿後，其子將書畫賣給日本岩崎靜嘉堂，從此，中國遂無宋本。

唐宋人類書，葉德輝在《書林清活》僅介紹以上五種，常用且較有價値的，尙有：宋李昉等《太平廣記》、宋王欽若等《冊府元龜》、宋王應麟《玉海》等。明代以後，類書續有佳構，如：明解縉等《永樂大典》、明俞安期《唐類函》、清張英等《淵鑒類函》、清張廷玉等《子史精華》、清蔣廷錫等《古今圖書集成》。値得一提的是，《永樂大典》，當時只抄正本一部，嘉靖、隆慶年間又照永樂正本摹寫成副本，正本毀於明亡之時，副本在清乾隆間已殘闕兩千多冊，後陸續散失，光緒二十六年八國聯軍入侵時慘遭焚毀劫奪。《古今圖書集成》爲現存類書中規模最大、用處最廣、體例也最完善者，輯錄原書內容不加改動，完整保存古典文獻，引註部分一一詳注出處，便於查對原書，是最便於讀者使用的一部類書。〔註 47〕

## 第五節　記書林掌故

### 一、書肆掌故

書肆見於文士著述，始於揚子《法言・吾子》：「好書而不要諸仲尼，書肆也；好說而不要諸仲尼，說鈴也。」依《書林清話》所述，宋以前之書肆，在各代之記錄如下：〔註 48〕

（一）《後漢書・王充傳》：「常游洛陽市肆，閱所賣書，一見輒能誦憶。」此後漢時之有書肆。

（二）梁任昉〈答劉居士詩〉：「才同文錦，學非書肆。」此六朝時之有書肆。

（三）唐柳玭《訓序》：「言其在蜀時嘗閱書肆，云字書小學率雕板印紙。」；呂溫《衡州集・上官昭容書樓歌》：「君不見洛陽南市賣書肆，有人買得研神記」此唐時之有書肆。

（四）馬令南《唐書・魯崇範傳》：「崇範雖窶，九經子史世藏於家，刺史賈皓就取之，薦其名不報，皓以己緡償其直。崇範笑曰：典墳天下公器，世亂藏於家，世治藏於國，其實一也，吾非書肆，何估直以償耶，卻之。」此五代時之有書肆。

〔註 47〕劉葉秋，〈類書簡說〉，王國良、王秋桂合編，《中國圖書文獻學論集》（台北：明文書局，民 75 年），頁 514。

〔註 48〕同註 1，頁 32～33。

到了宋代，較有名的書肆，如：建陽、麻沙之書林書堂；南宋臨安之書棚、書舖。清代，錢景開之萃古齋、陶正祥、珠、琳父子之五柳居；周氏瑞錦堂，劉氏延慶堂，名字皆十分典雅。歷代有名書肆，前已述及，茲不贅錄。

《書林清話》記載甚多之書肆掌故，茲舉一例於後，卷九〈都門書肆之今昔〉，葉德輝引李文藻《南澗文集》之〈琉璃廠書肆記〉云：〔註 49〕

> 書肆中之曉事者，惟五柳之陶、文粹之謝及韋也。韋湖州人，陶謝皆蘇州人，其餘不著何許人者，皆江西金谿人也，正陽門東打磨廠，亦有書肆數家，盡金谿人賣新書者也。内城隆福諸寺，遇會期多有賣書者，謂之趕廟，散帙滿地，往往不全而價低，朱少卿豫堂日使子弟物色之，積數十年，蓄書數十萬卷，皆由不全而至于全，蓋不全者多是人家奴婢竊出之物，其全者固在，日日待之而自至矣。吾友周書昌，遇不全者亦好買之。書昌嘗見吳才老韻補爲他人買去，怏怏不快，老韋云：邵子湘韻略已盡采之。書昌取視之，果然。老韋又嘗勸書昌讀魏鶴山古今考，以爲宋人深於經學，無過鶴山，惜其罕行於世，世多不知采用！書昌亦心折其言。韋年七十餘矣，面瘦如柴，竟日奔走朝紳之門，朝紳好書者，韋一見諗其好何等書，或經濟，或辭章，或掌故，能各投所好，得重値，而少減輒不肯售，人亦多恨之。

此段文字具體生動的勾勒書肆之動態及形象，就中以對鑑古堂書肆老韋之描繪，入木三分，特別傳神。書肆中不乏奇才奇器，老韋精諳書市書理，對學問亦有鑽研，其愛書惜售之執著，尤令人佩服。若老韋者，豈其他鑽利營生之徒所能望其項背？

## 二、刻書逸聞

《書林清話》言及刻書逸聞的章節有四：

其一，〈宋元祐禁蘇黃集版〉。〔註 50〕元祐黨禁，黃山谷蘇東坡的詩文翰墨不准刊板流傳，當時有酷嗜二公詩文而無所畏懼者二人，一、劉㰖溪（才卲）；二、王盧溪（庭珪）。葉德輝引楊萬里序劉才卲㰖溪居士集云：

> 在仁宗時，則有若六一先生主斯文之夏盟。在神宗時，則有若東坡先生傳六一之大宗。在哲宗時，則有若山谷先生續國風雅頌之絕絃。

〔註 49〕同註 1，頁 260。
〔註 50〕同註 1，頁 270。

> 中更群小，崇姦絀正，目爲僻學，禁而錮之，惟我廬陵，有盧溪之王、檻溪之劉，自作金城，以郛此道。自王公游太學，劉公繼至，觸犯大禁，挾六一、坡、谷之書以入盧溪……是時書肆畏罪，坡谷二書皆燬其板，獨一貴戚家刻印印焉，率黃金斤易坡文十，蓋其禁愈急，其文愈貴也。檻溪諱才邵，字美中，盧溪諱庭珪，字民瞻，皆擢進士第，然尤奇者，宋太學生丁時起泣血錄，載金人入汴，據青城，索監書藏經，如資治通鑑、蘇黃文集之屬，皆指名取索，當時朝廷行下諸路，盡毀坡谷著作，奸黨傅會，至欲焚資治通鑑，賴有神宗御製序文，乃不敢毀，而敵國之敬重固如此。〔註51〕

檻溪、盧溪二位先生信有獨嗜，其捍衛文化之執著令人感動。歐陽蘇黃之詩文，至今如日月江河，萬古不廢，在傳遞的過程中，若王、劉二氏當是其中之一大功臣。

其二，〈宋朱子劾唐仲友刻書公案〉。宋唐仲友領公使庫錢刻《荀子》、《揚子》二書爲朱子所彈劾一事之始末，《書林清話》引宋陳騤《中興館閣續錄》云：

> 今朱子集載有按知台州唐仲友前後凡六狀，其第六狀云：一據蔣輝供，元是明州百姓，淳熙四年六月內，因同已斷配人方百二等僞造官會事發，蒙臨安府府院將輝斷配台州牢城，差在都酒務著役，月糧雇本州住人周立代役，每月開書籍供養。去年三月內，唐仲友叫上輝就公使開雕揚子、荀子等印板，輝共王定等一十八人，在局雕開，至八月十三日忽據婺州義烏縣弓手到來台州，將輝捉下，稱被僞造會人黃念五等通取，輝被捉，欲隨前去證對公事，仲友便使承局學院子董顯等三人捉回。仲友台旨，你是弓手，捉我處兵士，你不來下牒捉人，當時弓手押回，奪輝在局生活。至十月內，再蒙提刑司有文字來追捉輝，仲友使三六宣教令輝收拾作具入宅，至後堂名清屬堂安歇宿食，是金婆供給飯食。得二日，仲友入來，說與輝稱，我救得你在此，我有些事問你，肯依我不？輝當時取覆仲友，不知甚事言了是，仲友稱說我要做些會子，輝便言恐向後敗獲不好看。仲友言你莫管我，你若不依我說，便送你入獄囚殺，你是配軍不妨，輝怕台嚴依從。次日見金婆婆送飯入來，輝便問金婆如何得

〔註51〕同註1，頁270～271。

紙來，本人言你莫管，仲友自交我兒金大去婺州鄉下撩使菴頭封來。次日金婆婆將描摸一貫文省會子樣入來，人物是接履先生模樣。輝便問金婆婆，言是大營前住人賀選在裏書院描模。其賀選能傳神寫字，是仲友宣教耳目，當時將梨木板一片與輝，十日雕造了，金婆婆同籐箱乖貯，入宅收藏，又至兩日，見金婆婆同三六宣教入來，將梨木板一十片雙面，並後典麗賦樣第一卷二十紙。其三六宣教稱，恐你閑了手、且雕賦板，俟造紙來，其時三六宣教言說，你若與仲友做造會子留心，仲友任滿，帶你歸婺州，照顧你不難。輝開賦板至一月，至十二月中旬，金婆婆將籐箱貯出會子紙二百道，並雕下會子板及土朱靛青棕墨等物付與輝，印下會子二百道了，未使朱印，再乘在箱子內付金婆婆，將入宅中。至次日，金婆婆來，將出篆寫一貫文省並專典官押三字，又青花上寫字號二字，輝是實方使朱印三顆，輝便問金婆婆，三六宣教此一貫文篆文並官押是誰寫，金婆婆稱是賀選寫，至十二月末旬，又印一百五十道，今年正月內至六月末間，約一十次共印二千六百餘道。每次或印一百道及一百五十道並二百道直至七月內不曾印造，至七月二十六日見金婆婆急來報說，你且急出去，提舉封了諸庫，恐搜見你。輝連忙用梯子布上後墻走至宅後亭子上，被趙監押兵士捉住，押赴紹興府禁勘。〔註52〕

此段文字將整個事件的來龍去脈交待得十分清楚。一般人皆以爲唐仲友被彈劾，起因於刻書，由此觀之，僞造會子也是其中一大緣由。後黎庶昌刻台州大字本，版心上有蔣輝等十八人的名字，字仿歐體，可以想見當時雕鏤之精，絕不在北宋蜀刻之下。

其三，〈明王刻史記之逸聞〉。明代王延喆刻史記之事，王士禎《池北偶談》二十二云：

明尚寶少卿王延喆，文恪少子也。其母張氏，壽寧侯鶴齡之妹，昭聖皇后同產。延喆少以椒房入宮中，性豪侈，一日，有持宋槧史記求鬻者，索價三百金。延喆紿其人曰：姑留此，一月後可來取直。乃鳩集善工，就宋版本摹刻，甫一月而畢工，其人如期至索直。故紿之曰：以原書還汝。其人不辨眞贋，持去。既而復來曰：此亦宋槧，而紙差不如吾書，豈誤耶？延喆大笑，告以故。因取新雕本數

〔註52〕同註1，頁271～273。

> 十部置堂上示之曰：君意在獲三百金耳，今如數予君，且爲君書數幻千萬億化身矣。其人大喜過望。今計傳有震澤王氏摹刻印，即此本也。〔註53〕

葉氏以爲，如許巨帙之書，王延喆居然能在一月之內翻刻完竣，實在不太可能。且借書長達一月之久，鬻書者怎會答應？廣召刻工刻書，消息焉能不走漏？王本史記，雕鏤甚精，校勘之善非一月之工夫所能成就？其書後有王延喆跋云：「工始嘉靖乙酉臘月迄丁亥之三月」爲時計十五個月，明有年月可稽，一月之說不攻自破。〔註54〕

其四，〈朱竹垞刻書之逸聞〉。據《書林清話》引《雞窗叢話》云：

> 竹垞凡刻書，寫樣本親自校兩遍，刻後校三遍，其《明詩綜》刻於晚年，刻後自校兩遍，精神不貫，乃分於各家書房中，或師或弟子，能校出一譌字者送百錢，然終不免有譌字，曝書亭集中亦不免，且有俗體，可知校訂斷非易事也。〔註55〕

葉德輝以爲朱竹垞刻書校書素以嚴謹稱，其爲他人校刻如張士俊澤存堂諸書：《玉篇》、《廣韻》、《群經音辨》、《佩觿》、《字鑑》便十分精善。家刻《曝書亭集》字體疏朗整秀絕少錯字，此書尚未刻竣，而竹垞已沒，全集爲其孫稻孫刊成，並非如蔡氏所云之自校自刻。《明詩綜》一書，印刻後傳世不多，以通行本校之，也未必如蔡氏所云之況，葉氏推測，其所見極可能爲初印未校改誤字本。朱氏《日下舊聞》爲其子昆田校勘；《經義考》爲德州盧見曾，揚州馬曰璐先後合刻。此皆爲其身後之事，校刻之得失，可不必計較。

## 三、抄書掌故

抄書掌故，《書林清話》僅載女子鈔書吳彩鸞之事。據葉德輝所述，載此事者，有：《列仙傳》、黃庭堅《山谷別集》、周密《志雅堂雜鈔》《宣和書譜》《樓鑰玫媿集》、元陸友仁《研北雜志》《虞集道園集》、王士禎《皇華紀聞》及《居易錄》、元陶九成《書史會要》等文獻。〔註56〕其中以《列仙傳》及《宣和書譜》之記載最爲簡要。《列仙傳》云：「吳猛之女彩鸞，遇書生文簫於道，竟許成婚。簫貧不自給，彩鸞寫唐韻，運筆如飛，日得一部，售之，獲錢五緡，復寫，如是一載，稍爲人知，遂潛往興新越王山，各跨一虎，陟峰巒而

〔註53〕同註1，頁273～274。
〔註54〕同註1，頁274。
〔註55〕同註1，頁274～275。
〔註56〕同註1，頁285～288。

去。」〔註57〕又《宣和書譜》云：

> 太和中，進士文簫，客寓鍾陵，南方風俗，中秋月夜，婦人相持踏歌，簫往觀焉，而彩鸞在歌場中，簫心悅之，彩鸞諭簫曰：與汝自有冥契，今當往人世矣。簫拙於爲生，彩鸞爲以小楷書唐韻，一部市五千錢，爲餬口計，然不出一日間，能了十數萬字，由是彩鸞唐韻，世多得之。歷十年，簫與彩鸞各跨一虎仙去。〔註58〕

根據以上之敘述，知吳彩鸞善抄書，不僅運筆如飛，且神全氣古、筆力遒勁、出於自然。以小楷書唐韻，紙素芳潔、界畫精整、結字通麗、神氣清朗，人譽之爲人間奇玩。彩鸞所書者，有：《廣韻》、《唐韻》、《玉篇》、《法苑珠林》、《佛本行經》等。其他女子抄書者，如：會稽吳氏三一孃之顧野王《玉篇》、胥山沈彩之《柳開河東先生集》十五卷、明文端容手鈔宋王沂孫《碧山樂府》及朱彝尊《竹垞詞稿》等，皆可與吳彩鸞並美。〔註59〕

## 四、藏書家軼事

### （一）藏書家印記之語

藏書家印記，自唐至清，各有不同，依葉德輝之考證，今整理於後：〔註60〕

1. 唐杜暹家書：清俸買來手自校，子孫讀之知聖道，鬻及借人爲不孝。

2. 元趙孟頫書藏書卷後：吾家業儒，辛勤置書，以遺子孫，其志何如，後人不讀，將至於鬻，頹其家聲，不如禽犢，若歸他姓，當念斯言，取非其有，毋寧舍旃。（毛晉汲古閣刻爲印記，鈐於藏書前後）。

3. 明祁承㸁澹生堂藏書印銘：澹生堂中儲經籍，主人手校無朝夕，讀之欣然忘飲食，典衣市書恒不給，後人但念阿翁癖，子孫益之守勿失。

4. 徐𤊹題兒陸書軒：菲飲食，惡衣服，減自奉，買書讀，積廿年，堆滿屋，手有校，編有目，無牙籤，無玉軸，置小齋，名汗竹，博非廚，記非簏，將老矣，竟不熟，青箱業，教兒陸，繼書香，爾當勗。

5. 錢穀藏書印記：百計尋書志亦迂，愛護不異隋侯珠，有假不還遭神誅，子孫不讀眞其愚。

〔註57〕同註1，頁285。
〔註58〕同註1，頁286。
〔註59〕同註1，頁288。
〔註60〕同註1，頁288～289。

6. 王昶藏書印記：二萬卷，書可貴，一千通，金石備，購且藏，刻勞勩，願後人，勤講肄，敷文章，明義理，習典故，兼游藝，時整齊，勿廢置，如不材，敢賣棄，是非人，犬豕類，屏出族，加鞭箠。述庵傳誡。

7. 吳騫藏書印記：寒可無衣，饑可無食，至於書不可一日失。此昔人詒厥之名言，是爲拜經樓藏書之雅則。

8. 陳鱣藏書印記：得此書，費辛苦，後之人，其鑒我。

考以上諸印記，葉德輝以爲：藏書家皆眷眷於其子孫，但歷來典籍聚散無常，經常是聚書於好書之祖先，而傾散於毀書之子弟，鮮有傳及三代者。因而錢曾《讀書敏求記》云：「予嘗論牧翁絳雲樓，讀書者之藏書也；趙清常脈望館，藏書者之藏書也。清常歿，其書盡歸牧翁，武康山中，自晝鬼哭、嗜書之精爽若是，遵王爲此言，宜不以此等癡癖爲然矣。」；其自序《述古堂書目》云：「丙午、丁未之交，胸中茫茫然，意中惘惘然，舉家藏宋刻之重複者，折閱售之泰興季氏，殆將塞聰蔽明，仍爲七日以前之混沌與，抑亦天公憐我佞宋之癖，假手滄葦以破余之惑與。」無怪乎葉德輝在感慨之餘，也如是云：「余自先祖藏書至今，已及三代，吾更增置之，所收幾二十萬卷，諸兒不能讀，濁世不知重，每嘆子孫能知鬻書，猶勝於付之奚媵覆醬瓿褙鞋襯。及吾身而思遵王之遇滄葦其人，蓋猶快意事也。」〔註 61〕

## （二）藏書家佚聞

### 1. 偏嗜宋元之癖

偏好宋元刻本之藏書家，其偏嗜之程度，實令人咋舌。據《書林清話》引書之描述，今舉例於下：〔註 62〕

（1）錢謙益。曹溶〈序絳雲樓書目〉云：「予以後進事宗伯，而宗伯相待絕款曲，每及書，能言舊刻苦何，新板若何，中間差別幾何驗之纖悉不爽，然太偏性，所收必宋元版，不取近人所刻及鈔本，雖蘇子美、葉石林、三沈集等，似非舊刻不入目錄中」；曹溶所言，葉氏以爲「切中其病」。

（2）葉樹廉。徐乾學《石君公傳》云：「所好書與世異，每遇宋元鈔本，雖零缺單卷，必重購之，世所常行者，勿貴也。」其癖好宋本之狀，如在眼前。

自錢謙益、毛晉提倡宋元舊刻之後，季振宜、錢曾、徐傳學繼之，及至

〔註 61〕同註 1，頁 290。
〔註 62〕同註 1，頁 291。

清代乾嘉年間，此風愈熾。其實清代以前，其來有自，茲舉一例，《遜志堂雜鈔》云：

> 嘉靖中，朱吉士大韶，性好藏書，尤愛宋時鏤板，訪得吳門故家有宋槧袁宏後漢紀，係陸放翁、劉須溪、謝疊山三先生手評，飾以古錦玉籤，遂以一美婢易之，蓋非此不能得也。婢臨行題詩於壁曰：無端割愛出深閨，猶勝前人換馬時，他日相逢莫惆悵，春風吹盡道旁枝。吉士見詩惋惜，未幾捐館。〔註63〕

佞宋至此，入於膏肓，其殺風景之不近人情，實不可思議。另外葉德輝對陸心源之自誇擁有宋書二百之虛矯，也嗤之以鼻。《書林清話》卷十〈近人藏書侈宋刻之陋〉云：「藏書固貴宋元本以資校勘，而亦何必虛僞。如近人陸心源之以皕宋名樓，自夸有宋本書二百也。然析百川學海之各種，強以單本名之，取材亦似太易，況其中有明仿宋本，有明初刻似宋本，有誤元刻爲遼金本，有宋板明南監印本，存眞去僞，合計不過十之二言。」葉氏對陸氏之自欺欺人，頗有微詞。〔註64〕

2. 版本考辨之偏差

時人對版本考辨發生偏差的現象，《書林清話》有多處提及，今試舉二例，葉德輝臧否的對象分別是黎庶昌等及楊守敬。

其一，黎庶昌等，《書林清話》卷一〈唐天祐刻書之僞〉葉氏指出《文選》《歸去來辭》，卷尾刻有「大唐天祐二年秋九月八日餘杭龍興寺沙門無遠刊行」字一行，傅雲龍《纂喜廬叢書》刻有此種殘本，黎庶昌作跋盛稱之，但據島田翰考證結果顯示，此書是日本大坂西村某贋刻三種之一（一延喜十三年《文選》、一即《歸去來辭》、一不詳）。該書用寫經故紙，集寫經舊字活字擺印，葉德輝以爲：「傅、黎當梯航四達之時，猶受欺如此，則又無怪錢遵王以日本正平本論語集解當高麗本，而詫爲書庫中奇寶也。」〔註65〕

其二，楊守敬。《書林清話》卷十〈日本刻書不可據〉葉德輝對楊守敬有非常嚴苛之批評。葉氏云：

> 日本友人言，楊氏刻留眞譜時，往往見他人之舊本書，抽其中一二葉，以便橅刻，果如所言，則非士君子之行矣。楊從遵義黎蒓齋星使庶昌爲隨員，曾代其刻古佚叢書，内如太平寰宇記補闕六卷，實

〔註63〕同註1，頁292。

〔註64〕同註1，頁270。

〔註65〕同註1，頁23。

出僞撰，其中顯而易見者，如江西南道岳州沅江縣，楚馬殷改爲橋江縣，宋太祖復爲沅江縣。樂史在太宗時，安得尚有橋江縣之稱。潭州長沙縣所引故事，多見太平御覽中，湘潭縣則全錄衡山縣遺跡。蓋衡山尚屬潭州，而南嶽本在衡山，茲反引於湘潭，此因湘潭無所據補，割湊成篇，遂於益陽縣後云已殘闕，作僞之跡亦既顯然。而武岡縣招屈亭後十三條，全與宋王象之輿地紀勝文同，而紀勝云引目類要，非引自寰宇記，彼乃全無別白，遂使僞證愈明。義昌改爲桂東，義章改爲宜章，紀勝云避太宗諱所改，宋本於二縣同不避諱，斷非樂史原書可知。吾友善化陳芸畦太學運溶作太平寰宇記辨僞六卷，逐道指駁，以爲從輿地紀勝及他類書鈔撮而成。使楊見之當無所置辨矣。吾嘗見楊刻古文苑，明是據孫星衍岱南閣仿宋刻重雕，而猥云宋本。又所著日本訪書志中載卷子本佛經各種，大半近百年內高麗舊鈔，至留眞譜誤以明繙宋刻爲眞宋本之類，殆如盲人評古董，指天畫地，不值聞者一笑，楊又刻有激素飛青閣雙鉤法帖，其作用亦同，蓋貌爲好古之人，而實爲孳孳爲利，吾斷其所著刻書不足信今而傳後云。〔註66〕

此段文字幾近全面否定楊守敬之所有作爲，「盲人評古董指天畫地不值聞者一笑」「貌爲好古之人而實爲孳孳爲利」等用語，皆流於情緒用事。另卷十〈近人藏書侈宋刻之陋〉又云：

至宜都楊守敬，本以販鬻射利爲事，故所刻留眞譜及所著訪書志，大都原翻雜出，魚目混珠，蓋彼將欲售其欺，必先有此二書，使人取證，其用心固巧而作僞益拙矣。〔註67〕

葉氏訾議楊守敬不僅拙於考板鑑識且利慾董心，「販鬻射利」，用字太重，立場有失公允客觀。對此日本長澤規矩也有如是之評斷：

葉氏譭謗楊氏甚力，然葉氏何爲又屢舉宋本？楊氏初無鑑識之明，時爲森立之等所誤。然日久漸明，遂悟森等之僞言，多所駁斥。日本訪書志，留眞譜中時有失考之處，在當時似爲不得已。……又葉氏言：「貌爲好古之人，而實爲孳孳爲利」實夫子之自道也。至少葉氏於爲利一事，駕乎楊氏之上〔註68〕

〔註66〕同註1，頁269～270。
〔註67〕同註1，頁270。
〔註68〕長澤規矩也，〈書林清話校補二上〉，葉德輝著《書林清話》（台北：世界書局，

楊守敬在版本審定時有偏誤確爲實情，長澤規矩也認爲那是早期受人誤導，後期則有省悟已知駁斥，楊之《日本訪書志》《留眞譜》時有失考之處，長澤規矩也指出「在當時似有不得已」，對葉德輝指楊爲利一事，長澤規矩也表示無法苟同。長澤規矩也的看法較爲全面客觀，葉有流於人身攻擊之嫌。但在往後之《書林餘話》則有較公正之論斷，葉氏云：

> 宜都楊惺吾教授守敬乃有留眞譜之作，所謂留眞者，於宋元舊本書摹刻一、二葉，或序跋，或正卷，藉以留原本之眞，雖鑒別未精，而其例則甚善。〔註69〕

在此葉氏能從學術面來考量，尙稱公道。另《太平寰宇記補闕》實非僞撰，余嘉錫《四庫提要辨證》卷七本書條下有詳細的說明，茲不贅述。

基本上葉德輝仍甚推崇楊守敬之成就，據趙飛鵬之統計，《書林清話》徵引《日本訪書志》《留眞譜》情形如下：卷一，楊志、楊譜各一次；卷二楊志、楊譜各五次；卷三，楊志、楊譜各五次；卷四、楊志、楊譜各十二次；卷五，楊志十六次，楊譜七次；卷六，楊志一次，楊譜三次。〔註70〕此外卷七〈元刻書之勝於宋本〉條：「經則元元貞丙申平陽梁宅本論語注疏，勝於宋十行本也。」即是暗用楊志卷二元刊論語注疏的結論。〔註71〕

## 五、書林故實

### （一）吳門書坊

葉德輝在《書林清話》卷九〈吳門書坊之盛衰〉，據黃丕烈《士禮居藏書題跋記》具列吳門書肆之牌記及書估之姓名，書肆有：胥門經義齋胡立群、城隍廟前五柳居陶廷學子蘊輝、山塘萃古齋錢景凱、郡城學餘堂書肆、玄妙觀前學山堂書坊、府東敏求堂、玄妙觀東閔師德堂、臬署前書坊玉照堂、臬署前文瑞堂、臬轅西中有堂書坊、醋坊橋崇善堂書肆、郡東王府基周姓墨古堂、閶門橫街留畊堂、閶門書業堂、閶門文秀堂書坊、金閶門外桐涇橋頭書舖芸芬堂、玄妙觀前墨林居、紫陽閣朱秀成書坊、葑門大觀局、遺經堂、西山堂、本立堂書坊、王府基書攤高姓、胡葦洲書肆。書友有：呂邦惟、郁某、胡益謙、邵鍾鏖、沈斐雲、吳東亭、吳立方、鄭雲枝。書船友有：曹錦榮、

民77年），頁26～27。

〔註69〕葉德輝，《書林餘話》（台北：世界書局，民77年），頁35。

〔註70〕趙飛鵬，《觀古堂藏書研究》（台北：漢美圖書有限公司，民80年），頁161～162。

〔註71〕同註70，頁162。

吳步雲、鄭輔義、邵寶墉。估人：吳東白、華陽橋顧玉、常熟蘇姓書估、平湖估人王麟徵、無錫浦姓書估、湖人施錦章、陶士秀，買骨董人沈鴻紹，其在外者有：玉峰考棚汗筠齋書籍鋪、揚州藝古堂、武林吳山甑遇賞樓書肆、會稽童寶音齋、琉璃廠文粹堂，蕭山李柯溪等。其時書肆中人，莫不以士禮居爲歸宿，可謂繁華極盛，後幾經變遷，赭寇亂起，大江南北，遍地劫灰，吳中藏書精華，掃地盡淨，致吳門玄妙觀前，無一舊書攤，無一書船友，葉德輝不禁發出：「俯仰古今，不勝滄桑之感」。〔註 72〕

## （二）都門書肆

葉德輝在《書林清話》卷九〈都門書肆之今昔〉，據李文藻《南澗文集》中之〈琉璃廠書肆記〉介紹清代京師書肆之狀況，據葉氏列出者有：聲遙堂、嵩秀堂唐氏、名盛堂李氏、帶草堂鄭氏、同陞閣李氏、宗聖堂曾氏、聖經堂李氏、聚秀堂曾氏、二酉堂、文錦堂、文繪堂、寶田堂、京兆堂、榮錦堂、經腴堂（以上皆李氏）、宏文堂鄭氏、英華堂徐氏、文茂堂傅氏、聚星堂曾氏、瑞雲堂周氏、文粹堂金氏、文華堂徐氏、先月樓李氏、寶名堂周氏、瑞錦堂周氏、鑑古堂韋氏、煥文堂周氏、五柳居陶氏、延慶堂劉氏等。每一書肆之地點、負責人、特色及佚聞趣事，皆有概要性的提及。〔註 73〕

葉德輝以上兩則記書林之故實，客觀提供蘇州、北京二大清文化中心盛衰變遷之寶貴史料。〔註 74〕

〔註 72〕同註 1，頁 254～257。
〔註 73〕同註 1，頁 258～259。
〔註 74〕同註 3，頁 87。

# 第八章　《書林清話》之評價及影響

## 第一節　《書林清話》之評價

《書林清話》是中國第一部系統書史、第一部研究版本學的專門著作，因而在學術研究上佔著舉足輕重的地位，相關的評論甚多，如繆荃孫曾云：

> 煥彬於書籍鏤刻源流，尤能貫串，上溯李唐，下迄今茲，旁求海外，舊刻精妙，藏家名印，何本最先，何本最備，如探諸喉，如指諸掌，此《書林清話》一編，仿君家鞠裳之《語石》編，比俞理初之《米鹽簿》所以紹往哲之書，開後學之派別，均在此矣。〔註 1〕

此段文字是有關評論之第一篇，因是繆荃孫為《書林清話》所作之序文，故充滿溢美之詞：如「紹往哲之書，開後學之派別」等語，但卻具體點出《書林清話》的寫作特色。往後學者之評論，褒貶互見，但往往褒多於貶。如：屈萬里、昌彼得、潘美月三位先生在《圖書板本學要略．考訂善本書應用之最低限度參考書提要》一節中，就提到：「書林清話……此書乃統論吾國圖書板本之作，舉凡板本名稱、板刻沿革，各代刻書狀況、宋元明各代書肆之盛衰等等，均有詳悉之敘述，讀此一編，於板本學方面之常識，可知大要矣。」〔註 2〕以為《書林清話》乃此類書籍之概括，後來書籍之內容多襲葉氏而為之，特別推崇為必讀書目。戴南海在《版本學概論》中〈研究版本學的方法〉一節，也特別推薦《書林清話》給學子參考，戴氏云：「而《書林清話》更

---

〔註 1〕繆荃孫，〈書林清話序〉，葉德輝著，《書林清話》（台北：文史哲出版社，民 77 年，頁 2。）

〔註 2〕屈萬里、昌彼得合著，潘美月增訂。《圖書板本學要略》（台北：中國文化大學出版部，民 75 年），頁 92～93。

爲必讀之書，本書爲讀者提供了古代雕版書籍的各項專門知識。著者根據豐富的資料，用筆記體裁說明書籍和版片的各種名稱，歷代刻書的規格、材料，以及工價的比較，印刷、裝訂、鑒別、保存等方法，並敘述了古代活字版印刷、彩色套印的創始和傳播，各時代特出的著名刻本，刻書、抄書、賣書、藏書的許多掌故。以後編寫的一些版本書籍，由它脫胎而來的不少。」〔註3〕戴氏從內容的完備性來評量《書林清話》的價值，認爲此書是此類書籍之代表，因而戴氏一再強調：「攻治的階梯，當先覽《書林清話》以了解其梗概」。〔註4〕諸多評論文字之中，就屬張承宗、杜邁之二氏之看法最具綜合性。張、杜二氏云：

> 對於葉德輝《書林清話》的學術成就，我國近代許多著名學者多有所評價。梁啓超在《國學入門書要目及其讀法》中，曾將葉昌熾的《語石》與葉德輝的《書林清話》並列在一起，認爲《書林清話》「論刻書源流及掌故，甚好。」當代著名史學家陳垣也曾將葉昌熾的《藏書紀事詩》與葉德輝的《書林清話》放在一起，加以評價。他說：葉昌熾「找到了這麼多材料，卻用詩表示出來，未免減低了價值。」顯然是惋惜葉昌熾缺乏著史之才，不知史書體例。對《書林清話》則說：「書是很好，只是體例太差。」葉德輝的這部書，體例固然差，但畢竟以時代爲次，分類編排，勝過葉昌熾的《藏書紀事詩》，給後人提供了許多方便。對於版本目錄學和我國書史的研究來談，確實是一部有用的好書。近人所撰的研究中國書史和版本目錄的著作，如：姚名達《中國書史》、余嘉錫《目錄學發微》、汪辟疆《目錄學研究》、劉國鈞《中國書史簡編》、陳國慶《古籍版本淺說》、毛春翔《古書版本常談》以及近年來印行的魏隱儒《古籍版本鑒定叢談》、來新夏《古典目錄學淺說》等等，幾乎沒有一部不引徵葉氏所提供的材料。今天，我們大規模地有計劃地開展古籍整理工作，《書林清話》還是有值得借鑒之處〔註5〕

杜、張二氏此段文字極具整合性。梁啓超將葉昌熾之《語石》與葉德輝《書林清話》相提並論，並肯定葉德輝在論刻書源流及掌故的卓越成就，杜、張

〔註3〕戴南海，《版本學概論》（成都：巴蜀書社，西元1989年），頁34。
〔註4〕同註3，頁37。
〔註5〕杜邁之、張承宗合著，《葉德輝評傳》（長沙：岳麓書社，西元1986年），頁89～90。

二氏深表同意。對於陳垣以爲《書林清話》「書好」只是「體例差」的批評，杜、張二氏則爲之辯護，認爲葉德輝的這部書，體例固然差，但畢竟以時代爲次，分類編排，勝過葉昌熾的《藏書紀事詩》，給後人提供許多方便，是一部有用的好書，後代的有關著作，如中國書史及版本目錄學著作，皆徵引葉氏所提供的資料，其批評可謂公正客觀而且具體深入。即使如此，杜、張二氏仍認爲《書林清話》有其不足之處。他們以爲，《書林清話》筆記體的寫作形式，畢竟支離破碎，缺乏系統性，在歷史編纂學上有其局限，更何況葉德輝排斥「西學」，對「西書」隻字未提的情況下，無法反映中國書史之全貌，因而《書林清話》稱不上是一部完整的中國書史。〔註6〕另由於葉德輝之疏忽，也造成版本考辨上的謬誤，如卷五〈明人刻書精品〉堅持自己所藏之九行本《鹽鐵論》是涂禎刻本，不相信涂刻乃十行本。卷十〈日本宋刻書不可據〉誤認楊守敬《太平寰宇記》爲僞撰等。〔註7〕

「書林清話」之謬誤，李洣〈書林清話校補〉，〔註8〕日本長澤規矩也〈書林清話校補二上〉〔註9〕〈書林清話校補二下〉〔註10〕指陳歷歷，細繹之，其缺誤之處約有如下數點：

一、引文不忠實：卷一〈書之稱冊〉引《晉書・束晳傳》所引與原文不全同，葉德輝或節引或酌改其文，並不忠於原作。〔註11〕又如卷九〈洪亮吉論藏書有數等〉引洪亮吉《北江詩話》，亦與原文多所出入。〔註12〕

二、版本資料不齊全：卷一〈古今藏家紀板本〉一節，葉德輝所羅列之版本目錄資料並不齊全，顯示有許多版本葉氏並未觸及。如：《郡齋讀書志》又有光緒甲申王先謙合校衢袁二刻本；〔註13〕《直齋書錄解題》又有閩覆聚珍版及光緒九年蘇州局翻刻本；〔註14〕《傳是樓宋元本書目》又

〔註6〕同註5，頁88。
〔註7〕同註5，頁89。
〔註8〕李洣，〈書林清話校補〉，葉德輝《書林清話》（台北：世界書局，民77年），頁295～306。
〔註9〕長澤規矩也，〈書林清話校補二上〉，葉德輝，《書林清話》（台北：世界書局，民77年），頁1～20。
〔註10〕長澤規矩也，〈書林清話校補二下〉，葉德輝，《書林清話》（台北：世界書局，民77年），頁21～27。
〔註11〕葉德輝，《書林清話》（台北：世界書局，民77年），頁9。
〔註12〕同註11，頁25。
〔註13〕同註8，頁296。
〔註14〕同註13。

有羅振玉玉簡齋叢書本〔註 15〕《平津館鑒藏書籍記》又有德化李氏刻本；〔註 16〕《拜經樓藏書題跋記》又有文學山房活字印本；〔註 17〕《讀書敏求記》有石印本又有附校證四卷本；〔註 18〕《愛日精廬藏書志》有初刻本四卷嘉慶中木活字印本；〔註 19〕《經籍訪古志》有上海廣益書局活字印本，又有大正十四年東京廣谷國書刊會活字解題叢書本。〔註 20〕凡此種種，舉不勝舉。

三、誤引：卷二〈巾箱本之始〉「一爲名公增修標注隋書詳節二十卷」繆續記未載，但葉德輝卻引之。〔註21〕又如卷三〈宋州府縣刻書〉「溫陵州本，淳熙壬寅九年，刻胡致堂讀史管見八十卷」檢丁志史評類並無此書。〔註22〕

四、脫字：《書林清話》引文脫字之現象甚爲嚴重，如，卷一〈總論刻書之益〉引徐康《前塵夢影錄》「……有子曰辰……」應作「有子三曰辰……」；〔註 23〕卷二〈南宋臨安陳氏刻書之一〉「……稱爲中都陳道人思……」應作「……稱爲中都陳道人思所編……」；〔註24〕卷十〈宋元刻僞本始於前明「……兩頭角處或用砂石磨去一角……」應作「……兩頭角處或粧茅損用砂石磨去一角……」。〔註25〕

五、衍文：葉氏引文亦出現「衍文」之情況，如，卷三〈宋司庫州軍郡府縣書院刻書〉「……乾道壬辰八年姑熟郡齋刻楊侃兩漢博聞十二卷……」應無「郡齋」二字；〔註26〕卷四〈元私宅家塾刻書〉「……平陽道參幕段君子成……見天祿琳琅後編四、錢日記……」「天祿琳琅後編四」疑爲衍文。〔註27〕

六、錯字：引文出現錯字的情況，在《書林清話》並不稀罕。如，卷二〈南宋臨安陳氏刻書之一〉引陳起編《江湖後集》二十二俞桂謝芸居惠歙石

〔註15〕同註 8，頁 297。
〔註16〕同註 15。
〔註17〕同註 8，頁 298。
〔註18〕同註 9，頁 3。
〔註19〕同註 18。
〔註20〕同註 9，頁 4。
〔註21〕同註 11，頁 32。
〔註22〕同註 11，頁 76。
〔註23〕同註 11，頁 13。
〔註24〕同註 11，頁 53。
〔註25〕同註 11，頁 267。
〔註26〕同註 11，頁 67。
〔註27〕同註 11，頁 101。

廣香云：「……點朱塗黃細商榷……」「榷」應作「確」；〔註28〕卷三〈宋私宅家塾刻書〉「……後附柳先生序傳碑記紀一卷……」「碑」應作「牌」〔註29〕

七、資料錯誤：卷三〈宋司庫州軍郡府縣書院刻書〉「……嘉定改元台州州學刻林師箴天台前集三卷……見陸志」「陸志」當作「陸續志」；〔註30〕卷四〈元監署各路儒學書院醫院刻書〉「……刻校正千金翼方三十卷目錄一卷……繆續記日本仿刻宋本……」「日本仿刻宋本」當作「日本影刻元刊本」。〔註31〕

八、漏引：卷四〈元時書坊刻書之盛〉「建安陳氏餘慶堂……見森志、丁志……」「森志」下當補「陸志」二字；〔註32〕卷四〈元監署各路儒學書院醫院刻書〉「……寧國路儒學，刻後漢書一百二十卷，見張志，瞿目、陸志……」「陸志」上當補「森志補遺楊志」。〔註33〕

綜上所述，論者對《書林清話》的評價褒貶互見，褒者謂其「紹往哲之書，開後學之派別」系統敘述中國史發展提供完備版本資料，為攻治版本學之階梯，研究者之必備工具書，版本目錄之學的代表作。貶者則謂其筆記體的敘述方式，體例差、支離破碎、缺乏系統性、缺乏全面性、版本考辨時有誤差、脫誤之處屢見（如：引文不忠實、版本資料不齊全、誤引、脫字、衍文、錯字、資料錯誤、漏引）等。

## 第二節 《書林清話》之影響

《書林清話》對後代的主要影響有二：其一為對相關研究，提供完整資料；其二為開創近、現代版本學的研究線路。

前已述及，海峽兩岸在葉德輝之後所撰之中國書史及版本目錄學的著作，幾乎沒有一部不徵引《書林清話》所提供的材料。大陸方面，如：姚名達《中國目錄學史》、余嘉錫《目錄學發微》、汪辟疆《目錄學研究》、劉國鈞《中國書史簡編》、陳國慶《古籍版本淺說》、毛春翔《古書版本常談》、魏隱儒《古籍版本鑒定叢談》、來新夏《古典目錄學淺說》、王欣夫《文獻學講義》、

〔註28〕同註11，頁51。
〔註29〕同註11，頁81。
〔註30〕同註11，頁66。
〔註31〕同註11，頁94。
〔註32〕同註11，頁105。
〔註33〕同註11，頁78。

李致忠《古書版本學概論》、戴南海《版本學概論》等。台灣方面，如：史梅岑《中國印刷發展史》屈萬里昌彼得《圖書板本學要略》、陳彬龢《中國書史》、嚴文郁《中國書籍簡史》、羅錦堂《歷代圖書版本志》等。這些著作，特別是版本之鑒別及考訂，歷代版刻之特徵等書史方面的材料，不可避免的向《書林清話》取材。即使《書林清話》是以筆記體的方式撰寫，但如將各章節分類組織排比，不難理出一個體系。今將各代相關資料之細目臚列於後，以供檢索，同時也可對照其對以上諸書之影響。如下：

宋　卷二　刻書有圈點之始
　　卷二　刻書分宋元體字之始
　　卷二　翻板有例禁始於宋人
　　卷二　宋建安余氏刻書
　　卷二　南宋臨安陳氏刻書之一
　　卷二　南宋臨安陳氏刻書之二
　　卷二　宋陳起父子刻書之不同
　　卷三　宋司庫州軍郡府縣書院刻書
　　卷三　宋州府縣刻書
　　卷三　宋私宅家塾刻書
　　卷三　宋坊刻書之盛
　　卷六　宋監本書許人自印並定價出售
　　卷六　南宋補修監本書
　　卷六　宋刻經注疏分合之別
　　卷六　宋蜀刻七史
　　卷六　宋監重刻醫書
　　卷六　宋監纂圖互註經子
　　卷六　宋刻書之牌記
　　卷六　宋刻本一人手書
　　卷六　宋刻書著名之寶
　　卷六　宋刻書字句不盡同古本
　　卷六　宋刻書多訛舛
　　卷六　宋刻書行字之疏密
　　卷六　宋刻書紙墨之佳

　　卷六　宋造紙印書之人
　　卷六　宋印書用椒紙
　　卷六　宋人鈔書印書之紙
　　卷六　宋元刻本歷朝之貴賤
　　卷八　宋元明印書用公牘紙背及各項舊紙
　　卷八　宋以來活字版
　　卷十　宋元祐禁蘇黃集板
金　卷四　金時平水刻書之盛
元　卷四　元監署各路儒學書院醫院刻書
　　卷四　元私宅家塾刻書
　　卷四　元時書坊刻書之盛
　　卷四　元建安葉氏刻書
　　卷七　元刻書之勝於宋本
　　卷七　元刻書多用趙松雪體字
　　卷七　元刻書多名手寫
　　卷七　元時官刻書由下陳請
　　卷七　元時刻書之工價
　　卷八　宋元明印書用公牘紙背及各項舊紙
明　卷五　明時諸藩府刻書之盛
　　卷五　明人刻書之精品
　　卷五　明人私刻坊刻書
　　卷七　明時官刻書只准翻刻不准另刻
　　卷七　明時書帕本之謬
　　卷七　明人不知刻書
　　卷七　明南監罰修板之謬
　　卷七　明人刻書改換名目之謬
　　卷七　明人刻書添改脫誤
　　卷七　明許宗魯刻書用說文體字
　　卷七　明刻書用古體字之陋
　　卷七　明時刻書工價之廉
　　卷七　明人刻書載寫書生姓名

卷七　明人裝訂書之式
卷七　明毛晉汲古閣刻書之一
卷七　明毛晉汲古閣刻書之二
卷七　明毛晉汲古閣刻書之三
卷七　明毛晉汲古閣刻書之四
卷七　明毛晉汲古閣刻書之五
卷七　明毛晉汲古閣刻書之六
卷七　明毛晉汲古閣刻書之七
卷七　明毛晉刻六十家詞以後繼刻者
卷八　明錫山華氏活字板
卷八　明華堅之世家
卷八　明安國之世家
卷八　明以來刻本之希見
卷十　明王刻史記之逸聞
清　卷九　內府刊欽定諸書
卷九　四庫發館校書之貼式
卷九　武英殿聚珍板之遺漏
卷九　無錫秦刻九經之精善
卷九　納蘭成德刻通志堂經解之一
卷九　納蘭成德刻通志堂經解之二
卷九　納蘭成德刻通志堂經解之三
卷九　國朝刻書多名手寫錄亦有自書者
卷九　國朝不仿宋刻經史之缺典
卷九　國朝阮元刻十三經注疏本之優劣
卷九　乾嘉人刻叢書之優劣
卷九　刻鄉先哲之書
卷九　吳門書坊之盛衰
卷九　都門書肆之今昔
卷十　近人藏書侈宋刻之陋
卷十　天祿琳琅宋元刻本之僞

《書林清話》以筆記形式提供許多資料，闡釋許多觀念，帶動版本研究的風氣，學者紛紛將零散的版本知識加以系統化、條理化，提出許多創見，版本學研究因而邁入一嶄新階段，取得豐碩成就。一如近人陳宏天所謂：出現了一系列版本學專著，出現著錄公藏的版本目錄以及專考某一類或一種書籍的考證性論著，湧現出一批著名的版本專家。〔註 34〕其中，版本學專著如：張元濟《中國版本學》、孫毓修《中國雕版源流考》、錢基博《版本通義》等。版本目錄如：《全國善本書總目》。考證性論著，如：《兩浙古刊本考》、《福建版本志》等。版本學專家，如：王國維、傅增湘、趙萬里、王重民、顧廷龍、謝國楨等。〔註 35〕

版本學研究，起源甚早，漢代至隋唐皆不乏其人，唯彼時只限抄本；研究受到局限，見解流於片斷瑣碎。宋代以後開始進行初步探討，明清之間，講求宋元舊本，版本研究深入一層。及至清代版本學人才輩出，凡考據家皆爲版本學家且各有所長，〈郋園讀書志序〉一文中曾引洪亮吉《北江詩話》云：

> 藏書家有數等：每得一書，必推求本原，是正缺失，是謂考訂家，如錢少詹大昕，戴吉士震諸人是也，次則辨其版片，注其錯訛，是謂校讎家，如盧學士文弨，翁閣學方綱諸人是也；次則搜採異本，上則拾石室金匱之遺亡，下可備通博士之瀏覽，是謂收藏家，如鄞縣范氏天一閣，錢塘吳氏之瓶花齋，昆山徐氏傳是樓諸家是也；次則第求精本，獨嗜宋刻，作者之旨意縱未盡窺，而刻書之年月最所深悉，是謂賞鑒家，如吳門黃主事丕烈，鄔鎮鮑處士廷博諸人是也，又次則於舊家中落者，賤售其收藏，富室嗜書者，要求其善價，眼見眞贋，心知古今，閩本蜀本，一不得欺，宋槧元槧，見而即識，是謂掠販家，如吳門之錢景升，陶五柳，湖州之施漢英諸書估是也。〔註 36〕

洪氏所言，反映版本學之盛況，同時也敘述藏書家的類型。學者以爲「第求精本獨嗜宋刻」之賞鑒家與「宋槧元槧見而即識」之掠販家並無不同，因其距離爲讀書而求書、藏書、校書之境界未免太過遙遠。〔註 37〕然由此則可見

〔註 34〕陳宏天，《古籍版本概要》（台北：洪葉文化事業有限公司，民 81 年），頁 24～29。
〔註 35〕同註 34。
〔註 36〕劉肇隅，〈郋園讀書志序〉，葉德輝著，《郋園讀書志》（台北：明文書局，民 79 年），頁 1～2。
〔註 37〕李致忠，《古書版本學概論》（北京：書目文獻出版社，西元 1990 年），頁 8～9。

清代版本研究雖昌盛，但却未臻成熟之境，葉氏之後，方才進入一嶄新階段。葉氏《書林清話》不僅破除忽視內容之佞宋尙元風氣，也因提供較有系統的資料，而使版本研究的風氣大開，終在前人研究基礎上，近、現代的學者，將版本學研究推向一興盛境地。多數的版本學者，漸漸的不再只是以中國古書爲對象，以版本鑒定爲核心，以考訂爲主要方法而是懂得憑借各種學科知識，借助校勘學、利用目錄學來完成揭示圖書任務，爲人文社會學科服務。他們之中已經不再只以目錄著作的形式出現或撰寫論文或編寫專著，而是從中去尋求廣闊途徑，利用版本學的知識，探索不同版本之間文字上的變化差異，研究作者之思想傾向、時代色彩、政治變化，作更廣闊的科技整合研究。〔註 37〕更重要的是，能吸收外國版本研究成果，來提昇本身的研究水準，爲古籍整理及其他人文科學作實質的服務。

# 第九章　結　論

葉德輝是中國近代史上一位飽受爭議的人物，既是著名的古文史研究者，也是湖南守舊派的領袖；在學術研究上，謹嚴篤實竭盡心力有傲人的成就；在私生活方面，卻被冠以荒淫無恥「封建統治階級典型」的名號而飽受訾議；在政治立場上，又以一貫崇道尊君的態度：反對維新，反對民主、主張君主專制、擁護復辟，一生經歷多次劫難，仍不改其倔強、頑固、保守、孤僻、執著之本性；終因反對共產黨，慘遭殺害。

葉氏的學術活動，主要表現在藏書、著書及刻書等三方面。在藏書方面，葉德輝生當藏書風氣甚佳的衡湘要地，在前輩流風餘蘊的感染及個人經濟的配合之下，遂樂於投身藏書事業。其先祖已經有些收藏，光緒十二年（西元 1886 年）之後，葉氏更無時不刻的搜訪古籍，四十餘年之中，四部之儲甚爲完備。民國十六年（西元 1927 年），葉氏遇害，其藏書雖因兵燹及子孫不肖之故四處散佚，然其從子葉啓勳能上承家學，勤加搜集，衍緒觀古堂藏書之志業，觀古堂因而能駸駸光顯而昌大之。在著書方面，葉氏著作等身，涵蓋經學、文字學、文學及版本目錄學，以版本目錄學最有成就。他的《書林清話》是中國第一部研究版本學的著作、第一部有系統的書史；他的《藏書十約》討論藏書種種技術與實務，是有志古籍整理工作者的參考指南；他的《觀古堂書目叢刻》守先待後、闡揚幽潛，爲從事版本目錄學的研究者，提供原始資料；他的《郎園讀書志》、《觀古堂藏書目》詳列版本、力加考訂，是鑒別古籍版本必備的工具書；他的《書目答問斠補》、《校正書目答問序》，糾正張之洞《書目答問》之謬誤並補充其不足。在刻書方面，葉氏以刊布古書追求人生之不朽，往往選取未經傳刻或罕見之本刊行，有保存文獻羽翼學術之功。

葉德輝爲了彌補葉昌熾《藏書紀事詩》，「限於本例」、「不及刻書源流與夫校勘家典故」之不足與缺漏，再加上企圖以「書種文種」來對付「天翻地覆」時局的歷史使命感；遂利用其豐富典藏，動員諸子姪，經過數年努力，幾經修改，終成十卷十二萬言之《書林清話》。全書以筆記形式探討我國古代書籍的種種現象與問題，及版本學方面的有關知識，內容十分札實，有：考書冊制度、釋版本名稱及常識、論版本鑒定、論雕版之起源、敍歷代版刻發展史略、論歷代版刻特點、記歷代刻書名家，載歷代特出版本、論歷代活字本、論明清抄本、論套印本及繪圖書籍、論輯佚書叢書及類書、記書林掌故等。特別是對刻書源流、版刻優劣、書林掌故，考論入微闡析詳盡。此書褒貶互見，但褒多於貶。概括言之，其優點爲內容翔實、資料豐富、亂中有序條理井然，缺點則爲體例差、支離破碎、缺乏全面生、缺乏系統性、脫誤甚多、版本考辨時有謬誤等。但本書對後代的貢獻與影響卻十分卓著，其一爲相關研究提供完整資料，海峽兩岸的中國書史及版本目錄學著作，幾乎沒有一部不引徵葉氏所提供的材料；其二，開創近、現代版本學的研究線路、方法及觀點，提昇研究水準。

總而言之，《書林清話》因時代較早，外在形式又爲筆記體長篇的關係，欠缺簡明性、系統性，予人以繁蕪之感，但葉德輝網羅宏富、網舉目張、脈絡明晰、文理通暢，在從事古籍整理及讀書治學之時，仍有值得借鑒之處。

# 參考書目

（依作者姓名筆畫順序排列）

## 一、專書部分


1. 《文獻學講義》，王欣夫，台北：台灣商務印書館，民 81 年。
2. 《古書版本常談》，毛春翔，上海：中華書局，1962 年。
3. 《中國圖書文獻學論集》，王秋桂、王國良合編，台北：明文書局，民 72 年。
4. 《中國歷代名人年譜總目》，王德毅，台北：華世出版社，民 68 年。
5. 《近代中國人物漫譚》，王覺源，台北：東大圖書公司，民 78 年。
6. 《中國版刻圖錄》，北京圖書館編，北京：文物出版社，1982 年。
7. 《書的歷史》，吳哲夫，台北：行政院文化建設委員會，民 73 年。
8. 《中國古典文獻學》，吳楓，濟南：齊魯書社，1982 年。
9. 《中國目錄學》，李曰剛，台北：明文書局，民 72 年。
10. 《碑傳集三編》，汪兆鏞，台北：大化書局，民 73 年。
11. 《中國古代藏書與近代圖書館史料》，李希泌、張椒華合編，北京：中華書局，1982 年。
12. 《目錄學研究》，汪辟疆，台北：台灣商務印書館，民 23 年。
13. 《星廬筆記》，李肖聃，長沙：岳麓書社，1983 年。
14. 《館藏發展》，吳明德，台北：漢美圖書有限公司，民 80 年。
15. 《古書版本學概論》，李致忠，北京：書目文獻出版社，1990 年。
16. 《古書版本鑑定研究》，李清志，台北：文史哲出版社，民 75 年。
17. 《中國目錄學史稿》，呂紹虞，台北：丹青圖書公司，民 75 年。
18. 《目錄學發微》，余嘉錫，台北：藝文印書館，民 67 年。
19. 《目錄學概論》，武漢大學北京大學目錄學概論繕寫組，北京：中華書局，

1987年。
20. 《葉德輝評傳》，杜邁之、張承宗合著，長沙：岳麓書社，1986年。
21. 《中國目錄學》，昌彼得、潘美月合著，台北：文史哲出版社，民75年。
22. 《版本目錄學論叢》，昌彼得，台北：學海出版社，民66年。
23. 《中國目錄學資料選輯》，昌彼得編，台北：文史哲出版社，民70年。
24. 《圖書板本學要略》，屈萬里、昌彼得合著，潘美月增訂，台北：中國文化大學出版部，民75年。
25. 《近三百年人物年譜知見錄》，來新夏，上海：人民出版社，1983年。
26. 《古典目錄學淺說》，來新夏，北京：中華書局，1981年。
27. 《圖書文獻學研究論集》，林慶彰，台北：文津出版社，民79年。
28. 《中國目錄學史》，姚名達，台北：商務印書館，民70年。
29. 《中國目錄學年表》，姚名達，台北：商務印書館，民60年。
30. 《中國目錄學研究》，胡楚生，台北：華正書局，民69年。
31. 《四庫全書總目提要》，紀昀，台北：藝文印書館，民58年。
32. 《藏書紀要》《書目續編》，孫從添，台北：廣文書局，民57年。
33. 《中國雕板源流考》，孫毓修，台北：台灣商務印書館，民63年。
34. 《中國目錄學史》，許世瑛，台北：文化大學出版部，民71年。
35. 《清史列傳》，國史館編，《清代傳記叢刊》第一○五冊，台北：明文出版社，民74年。
36. 《中國書史》，郭如斯、蕭東發，北京：書目文獻出版社，1987年。
37. 《古籍版本概要》，陳宏天，台北：洪葉文化事業有限公司，民81年。
38. 《清代學術概論》，梁啓超，台北：中華書局，民67年。
39. 《版本學》，陳國慶、劉國鈞合著，台北：西南書局，民67年。
40. 《古籍版本淺說》，陳國慶，遼寧：遼寧人民出版社，1957年。
41. 《中國書史》，陳彬龢、查孟濟，台北：文史哲出版社，民66年。
42. 《古今典籍聚散考》，陳登原，台北：成文出版社，民67年。
43. 《清朝碑傳全集》，閔爾昌輯，台北：大化書局，民73年。
44. 《圖書發展史論文集》，喬衍琯、張錦郎合編，台北：文史哲出版社，民64年。
45. 《圖書發展史論文集續編》，喬衍琯、張錦郎合編，台北：文史哲出版社，民66年。
46. 《古籍版本學》，黃永年，陝西：陝西師大古籍研究所，1985年。
47. 《中國印刷術的發明及其影響》，張秀民，台北：文史哲出版社，民69年。

48. 《索引本四庫全書總目》，乾隆敕編，台北：漢京文化事業有限公司，民70年。
49. 《中國文獻學》，張舜徽，台北：木鐸出版社，民72年。
50. 《晚清藏書家繆荃孫研究》，張碧惠，台北：漢美圖書有限公司，民80年。
51. 《訪書見聞錄》，路工，上海：古籍出版社，1985年。
52. 《五十萬卷樓藏書目錄初編》，莫伯驥，《書目叢編》，台北：廣文書局，民78年。
53. 《觀海堂藏書研究》，趙飛鵬，台北：漢美圖書有限公司，民80年。
54. 《圖書維護學》，楊時榮，台北：南天書局，民80年。
55. 《中國著名藏書家傳略》，鄭偉章、李萬健合著，北京：書目文獻出版社，1986年。
56. 《中國圖書史資料集》，劉家璧，台北：龍門書店，民63年。
57. 《中國書史簡編》，劉國鈞，北京：書目文獻出版社，1981年。
58. 《中國古代書籍史話》，劉國鈞，台北：中華書局，民52年。
59. 《郋園四部書敍錄》，劉肇隅編，上海：葉氏澹園，民16年。
60. 《桐城文學淵源考》，劉聲木，台北：明文書局，民74年。
61. 《中國文獻學概要》，劉鶴聲、鄭鶴春合撰，上海：上海書店，1983年。
62. 《藏書紀事詩》，葉昌熾，台北：世界書局，民69年。
63. 《宋代藏書家考》，潘美月，台北：學海出版社，民69年。
64. 《圖書》，潘美月，台北：幼獅圖書公司，民75年。
65. 《拾經樓紬書錄》，葉啓勳，《書目叢編》，台北：廣文書局，民78年。
66. 《書林清話》，葉德輝，台北：世界書局，民77年。
67. 《書林清話》，葉德輝，台北：文史哲出版社，民77年。
68. 《藏書十約》，葉德輝，《書目類編》第九一冊，台北：成文書局，民46年。
69. 《觀古堂藏書目》，葉德輝，長沙：葉氏觀古堂，民4年。
70. 《郋園讀書志》，葉德輝，台北：明文書局，民79年。
71. 《郋園先生全書》，葉德輝，長沙：中國古書刊印社，民24年。
72. 《觀古堂書目叢刻》，葉德輝，上海：葉氏澹園，民8年。
73. 《郋園山居文錄》，葉德輝，長沙：中國古書刊印社，民24年。
74. 《中國古代書史》，錢存訓，香港：中文大學，民64年。
75. 《版本通義》，錢基博，上海：古籍出版社，1957年。
76. 《版本學概論》，戴南海，成都：巴蜀書社，1989年。

77. 《清代七百名人傳》，蔡冠洛編，台北：文海出版社，民 62 年。
78. 《古籍論叢》，謝國楨、張舜徽等撰，福州：福建人民出版社，1983 年。
79. 《古籍版本鑒定叢談》，魏隱儒編，太原：山西省圖書館，1978 年。
80. 《中國古籍印刷史》，魏隱儒，台北：印刷事業出版社，民 71 年。
81. 《中國古代目錄學簡編》，羅孟禎，重慶：重慶出版社，1983 年。
82. 《清代學術論集》，羅炳綿，台北：食貨出版社，民 67 年。
83. 《歷代圖書板本志》，羅錦堂，台北：國立歷史博物館，民 47 年。
84. 《中國書籍簡史》，羅文郁，台北：臺灣商務印書館，民 81 年。
85. 《蔣慰堂先生九秩榮慶論文集》，嚴文郁等著，台北：臺灣商務印書館，民 76 年。
86. 《近代藏書三十家》，蘇精，台北：傳記文學出版社，民 72 年。

## 二、論文部分

1. 〈論四庫全書總目〉，王重民，《北京大學學報》2 期（西元 1964 年），頁 61～62。
2. 〈館藏名家舊藏書表〉，汪闇，《中央大學國學圖書館第一年刊》（民 17 年 10 月），頁 47～64。
3. 〈板本名稱釋略〉，李文裿，《圖書館學季刊》第五卷第 1 期（民 20 年 3 月），頁 17～37。
4. 〈湖南碩儒葉德輝〉，李振華，《暢流》十二卷 2 期（民 44 年 9 月），頁 2～3。
5. 〈版本通論〉，吳則虞，《四川圖書館學報》一卷 4 期（西元 1979 年 12 月），頁 1～8。
6. 〈玩世不恭的葉德輝〉，孟源，《暢流》三十五卷 3 期（民 56 年 3 月），頁 8。
7. 〈讀書種子葉德輝老婆不借書不借〉，姜穆，《中央日報》，民國 81 年 4 月 21 日，十七版。
8. 〈清代藏書家考〉，洪有豐，《圖書館學季刊》第一卷第 1 期（民 15 年 3 月），頁 39～52；第一卷第 2 期（民 15 年 6 月），頁 309～52；第一卷第 2 期（民 15 年 6 月），頁 309～320；第一卷第 3 期（民 15 年 9 月），頁 447～464；第一卷第 4 期（民 16 年 3 月），頁 87～94。
9. 〈幾位古人藏書和讀書的佳話〉，姚從吾，《台灣新生報》，民 49 年 11 月 22 日，八版。
10. 〈清代私家藏書概略〉，袁同禮，《圖書館季刊》第一卷第 1 期（民 15 年 3 月），頁 31～38。

11. 〈雕版發明以前之中國書本〉，高明，《書目季刊》一卷 4 期（民 56 年 6 月），頁 1～5。
12. 〈古代的目錄〉，高路明，《文獻》十輯（西元 1981 年 12 月），頁 255～258。
13. 〈關於中國目錄學的幾個問題〉，喬好勤，《武漢大學學報》2 期（西元 1982 年 3 月），頁 84～90。
14. 〈善本書的價值〉，喬衍琯，《書目季刊》一卷 2 期（民 55 年 12 月），頁 8～12。
15. 〈葉德輝贈曹賡笙《觀古堂藏書目》題跋〉，張承宗，《文獻》24 期（西元 1990 年 7 月）頁 288。
16. 〈葉德輝俞秩華被殺記慟〉，曾省齋，《藝文誌》29 期（民 57 年 2 月），頁 14～15。
17. 〈私人藏書的社會利用〉，黃強祺，《圖書雜誌》3 期（西元 1984 年 9 月），頁 61～62。
18. 〈中國古籍叢書概說〉，劉尚恒，《文獻》七輯（西元 1981 年 7 月），頁 141～155。
19. 〈民國以來的四庫學〉，劉兆祐，《漢學研究通訊》（民 72 年 7 月）頁 36～50。
20. 〈葉德輝版本目錄學專著四種概述〉，蔡芳定，《國立中央圖書館館刊》新二十六卷 2 期（民 82 年 12 月），頁 133～142。
21. 〈葉德輝郋園讀書志析探〉，蔡芳定，《中國學術年刊》第 15 期（民 83 年 3 月），頁 287～310。
22. 〈觀古堂藏書聚散考〉，蔡芳定，《國立中央圖書館館刊》新二十七卷第 1 期（民 83 年 6 月），頁 101～111。
23. 〈葉德輝對圖書文獻學的貢獻〉，蔡芳定，《中國書目季刊》二十八卷 1 期（民 83 年 6 月），頁 31～35。
24. 〈郋園先生全集跋〉，葉啓倬，《圖書館學季刊》八卷 4 期（民 26 年 3 月），頁 733。
25. 〈郋園先生全書序〉，葉啓勳，《圖書館學季刊》八卷 4 期（民 26 年 3 月），頁 732。
26. 〈四庫全書目錄板本考〉，蔡啓勳，《圖書館學季刊》七卷 1 期（民 23 年 9 月），頁 59～65。
27. 〈明清時代的目錄學〉，謝國楨，《歷史教學》（西元 1980 年 3 月），頁 36～39。
28. 〈明清時代版本目錄學概述〉，謝國楨，《齊魯學刊》3 期（西元 1981 年 5 月），頁 40～47；4 期（西元 1981 年 7 月），頁 45～52。